Byd Deinosoriaid

Michael Benton

Addasiad Elin Meek

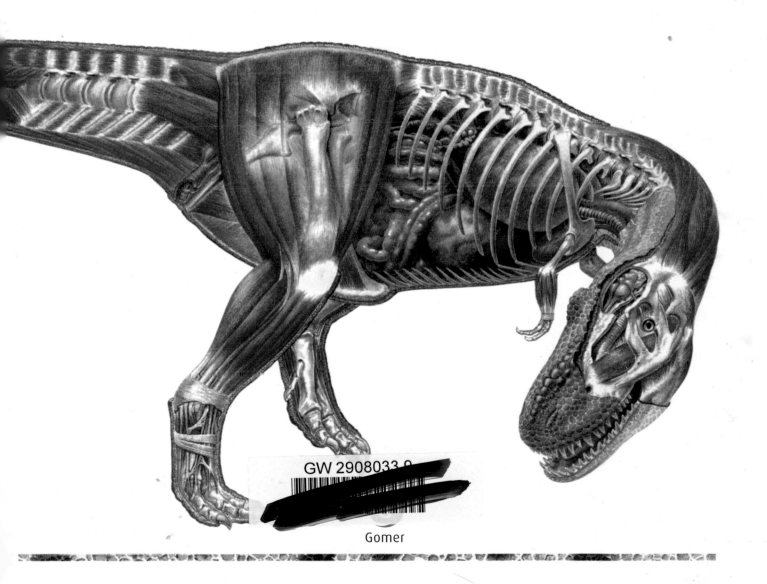

Gomer

Cyhoeddwyd gyntaf ym Mhrydain yn 2005 gan Kingfisher Publications Plc., New Pendrel House, 283-288 High Holborn, Llundain WC1V 7H2.
www.kingfisherpub.com

ISBN 1 84323 634 6

ISBN-13 9781843236344

Cyhoeddwyd yn 2006 gan Wasg Gomer, Llandysul, Ceredigion, SA44 4JL ar gyfer ACCAC.

www.gomer.co.uk

CYNNWYS

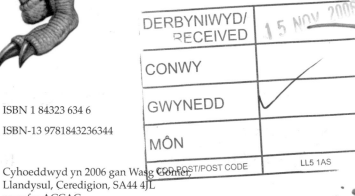

▼ **Criw o helwyr ffosiliau ym mynyddoedd y Flaming Cliffs ym Mongolia, China, lle bu deinosoriaid ym ymgartrefu.**

Wrth droi'r tudalennau, chwiliwch am fabi *Maiasaura* o Montana, UDA. Cewch ei weld yn deor o'i wy, yn bwyta ei bryd bwyd cyntaf, yn gadael y nyth, yn cyfarfod â *T Rex* llwglyd, cyn rhedeg i ddiogelwch y gyr.

DARGANFOD PETHAU

Gwaith caled a budr yw cloddio am ddeinosoriaid. Mae'n cymryd wythnosau i gasglwyr esgyrn godi ysgerbwd deinosor. Yna mae timau o balaeontolegwyr, yr arbenigwyr sy'n astudio ffosiliau, yn treulio misoedd neu hyd yn oed flynyddoedd yn rhoi'r esgyrn at ei gilydd. Oherwydd eu gwaith trylwyr nhw, gallwn ail-greu golygfeydd tebyg i'r un sydd ar glawr y llyfr hwn. Mae'r llun yn dangos y deinosor anferth *Tyrannosaurus* yn rhuthro ar *Struthoiomimus* saith deg miliwn o flynyddoedd yn ôl.

▲ Olion anifail neu blanhigyn a oedd yn byw filiynau o flynyddoedd yn ôl yw ffosil. Ar ôl i ddeinosor farw, cafodd ei ysgerbwd ei orchuddio gan dywod neu bridd, neu'i ysgubo i ffwrdd a'i chwalu gan afon. Yma, yn Montana, UDA, mae casglwr esgyrn yn torri'r graig yn ofalus ac yn gweld asgwrn mawr wedi'i ffosileiddio.

Chwilio

Mae'r rhai sy'n chwilio am ddeinosoriaid yn cerdded dros y tir gan edrych am gliwiau. Gall casglwr medrus weld darn o asgwrn ryw 100 metr i ffwrdd. Pan fydd wedi dod o hyd i asgwrn, rhaid i'r casglwr benderfynu a yw'n werth cloddio mwy. Weithiau, bydd casglwyr amatur yn dod ar draws safle newydd ac yn galw yn yr amgueddfa leol i ymchwilio.

▲ Mae casglwyr deinosoriaid yn aml yn gweithio mewn mannau anghysbell. Maen nhw'n defnyddio System Leoli Byd-Eang (GPS) i ddod o hyd i'r union safle a'i gofnodi. Mae'r GPS yn taflu signalau i'r lloerenni yn y gofod. Ar ôl i signalau gael eu taflu 'nôl o dair lloeren o leiaf, mae'n bosib nodi'n union lle mae'r cyfrifiadur GPS.

▼ Mae'r casglwyr deinosoriaid yn sefydlu gwersyll, carafannau neu bebyll lle maen nhw'n cysgu ac yn cadw bwyd ac ati. Ar safle bach, bydd tîm o ryw 10 o bobl. Gwirfoddolwyr yw'r rhain fel arfer – rhai'n balaeontolegwyr ac eraill yn fyfyrwyr.

Mae'n bwysig gwybod lle cafodd deinosor ei ddarganfod, am ddau reswm. Efallai bydd rhaid i gasglwyr ddychwelyd i'r safle eto, i chwilio am ragor o ffosiliau. A byddan nhw'n astudio hanes y safle ar ôl dychwelyd i'r amgueddfeydd – mae'r man lle caiff ffosil ei ddarganfod yn gallu dweud llawer am fywyd a chyfnod y deinosor.

◄ Mae ysgerbydau deinosoriaid wedi'u claddu yn y graig. Rhaid i'r tîm ddrilio i'r graig sydd dros yr ysgerbwd, sef y gorlwyth, a mynd â'r deunydd oddi yno. Maen nhw'n defnyddio cloddwyr mecanyddol a theirw dur, a ffrwydron hyd yn oed os oes trwch o graig.

▲ Mae'r casglwyr yn cadw cofnod manwl o'r holl esgyrn. Maen nhw'n gwneud grid llinynnau ac yn tynnu llun pob asgwrn ar fersiwn fach o'r grid ar bapur. Bydd hyn yn eu helpu i roi'r ysgerbwd at ei gilydd yn yr amgueddfa maes o law.

1. Dadorchuddio

Ar ôl tynnu'r gorlwyth, mae'r casglwyr yn defnyddio nodwyddau a cheibiau bach i grafu'r graig a dod â'r esgyrn i'r golwg. Rhaid ysgubo'r llwch i ffwrdd wrth weithio. Mae'r esgyrn yn cael eu cryfhau drwy lenwi'r tyllau gwag i gyd â glud.

2. Clirio

Pan fydd asgwrn wedi dod i'r golwg, caiff ei adnabod a'i gofnodi. Yna mae'r casglwyr yn gweithio allan lle dylen nhw chwilio am ragor o esgyrn.

3. Palu sianelau

Mae sianelau'n cael eu palu o gwmpas yr asgwrn fel ei fod ar bedestal. Nawr mae'n barod i gael ei lapio.

4. Diogelu

Yn gyntaf rhaid gorchuddio'r asgwrn â stripiau o bapur gwlyb, fel na fydd yr haen nesaf o blastr yn gludio wrth yr asgwrn ac yn ei ddifrodi.

Codi deinosoriaid

Roedd y casglwyr esgyrn cynnar yn gweithio'n gyflym iawn, gan ddefnyddio ffrwydron ac offer trwm i dynnu'r ffosiliau enfawr o'r graig. Heddiw, mae casglwyr yn llawer mwy gofalus. Efallai bod esgyrn deinosoriaid yn fawr, ond maen nhw hefyd yn gallu bod yn fregus. Pan fydd myfyrwyr yn mynd i gloddio am y tro cyntaf, rhaid eu hyfforddi i ddefnyddio technegau gwaith maes i gyd. Mae technoleg fodern a chemegau'n gwneud pethau'n haws iddyn nhw.

5. Plastro
Rhaid rhoi stribedi o sachliain mewn plastr hylif. Yna maen nhw'n cael eu gosod dros yr haen o bapur gwlyb.

6. Mwy o blastro
Caiff pump neu chwe haen o stribedi plastr eu gosod fel bod yr asgwrn wedi'i orchuddio'n dda. Felly bydd cast caled yn atal yr asgwrn rhag chwalu.

7. Caledu
Bydd tyllau neu fylchau'n cael eu llenwi â rhagor o blastr a bydd y cyfan yn cael ei lyfnhau. Yna mae'r plastr yn cael ei adael i sychu a chaledu.

8. Troi
Mae'r pedestal yn cael ei dorri gan ddefnyddio ceibiau a chynion. Yna mae'r asgwrn yn cael ei droi er mwyn plastro'r ochr arall.

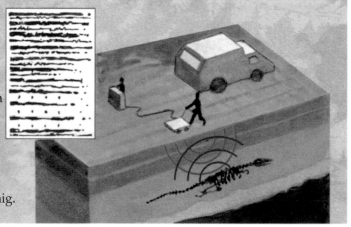

Defnyddio radar
Mae radar sy'n treiddio i'r tir (GPR) yn dangos gwahaniaethau mewn dwysedd. Mae'n hawdd dod o hyd i esgyrn mewn pridd gan fod eu dwysedd yn fwy. Ond mae craig ac asgwrn yn debyg o ran dwysedd, felly dydy radar ddim yn gweithio cystal mewn craig.

O es unrhyw ffordd o ddod o hyd i esgyrn yn ddwfn yn y graig heb gloddio? Mae wraniwm yn esgyrn rhai deinosoriaid yng Nghanolbarth America. Gan fod wraniwm yn ymbelydrol, gall Mesurydd Geiger ddod o hyd i'r esgyrn. Mae'r casglwr yn gweld esgyrn sy'n disgleirio!

9. Symud
Mae'r tîm casglu'n mynd â'r parseli plastr 'nôl i'r gwersyll. Maen nhw'n eu tynnu ar hyd cledrau pren neu'n eu codi ag offer mecanyddol. Ar ddiwedd y tymor, maen nhw'n llwytho'r esgyrn i loriau sy'n mynd â nhw i labordy'r amgueddfa.

Dod â deinosoriaid yn fyw

 Yn labordy'r amgueddfa, mae tîm o dechnegwyr a gwyddonwyr yn glanhau'r esgyrn, yn nodi pa rai ydyn nhw ac yn ceisio rhoi ysgerbwd at ei gilydd. Weithiau maen nhw'n gwybod o ba ddeinosor mae'r esgyrn yn dod. Ond mae rhai esgyrn o rywogaeth gwbl newydd.

Y cam nesaf yw ceisio ail-greu siâp y deinosor yn pan oedd yn fyw. Mae angen gwyddoniaeth a chelf i gyflawni hyn. Mae gwyddonwyr yn astudio sut mae anifeiliaid modern yn cerdded a rhedeg. Mae dylunwyr yn defnyddio cyfrifiaduron i efelychu deinosor sy'n rhuo a rhedeg.

2. Gwneud castiau

Mae arddangos esgyrn bregus yn dipyn o fenter. Mae technegwyr yn gorchuddio pob asgwrn â phlastig meddal. Pan fydd y plastig wedi sychu, rhaid ei dynnu i greu mowld yr un siâp â'r asgwrn. Yna mae'r mowld yn cael ei lenwi â defnydd ysgafn a chryf fel ffibr gwydr neu blastig i wneud copi, neu gast, o'r asgwrn gwreiddiol.

3. Peintio

Mae'n hawdd gwneud i gastiau edrych fel yr asgwrn gwreiddiol. Mae'r plastig hylif yn cael ei liwio'n frown neu lwyd naturiol cyn ei arllwys i'r mowld. Pan fydd y mowld yn cael ei dynnu, mae modd peintio'r cast. Weithiau mae'n amhosibl dweud pa un yw'r asgwrn go iawn!

1. Tynnu allan a chryfhau

Defnyddia technegwyr lifiau pŵer bychain i dorri'r castiau plastr i ffwrdd. Yna maen nhw'n glanhau'r esgyrn drwy bigo, drilio a brwsio'r holl graig sydd ar ôl. Wedyn, mae'r esgyrn yn cael eu cryfhau â glud arbennig, ac mae'r darnau sydd wedi torri'n cael eu cywiro. Gall rhywbeth fel penglog fod yn ddarnau mân.

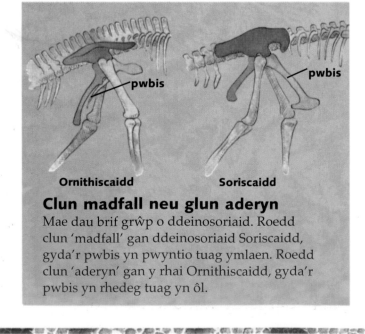

Ornithiscaidd pwbis   **Soriscaidd** pwbis

Clun madfall neu glun aderyn

Mae dau brif grŵp o ddeinosoriaid. Roedd clun 'madfall' gan ddeinosoriaid Soriscaidd, gyda'r pwbis yn pwyntio tuag ymlaen. Roedd clun 'aderyn' gan y rhai Ornithiscaidd, gyda'r pwbis yn rhedeg tuag yn ôl.

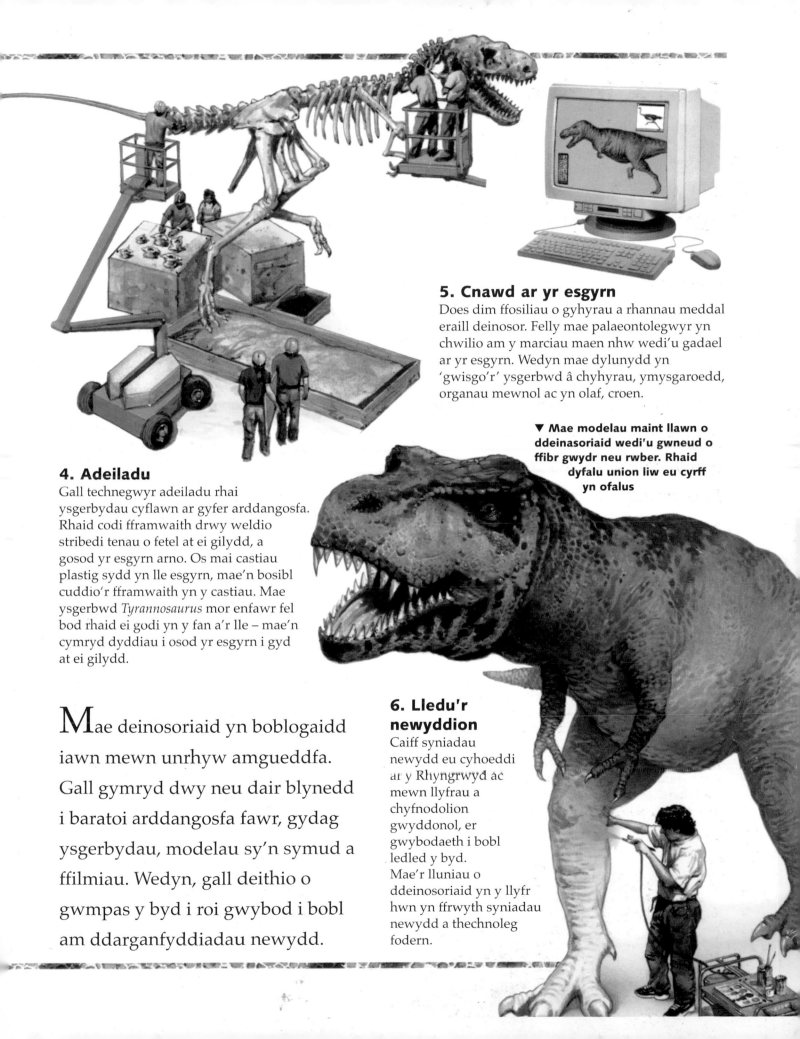

5. Cnawd ar yr esgyrn

Does dim ffosiliau o gyhyrau a rhannau meddal eraill deinosor. Felly mae palaeontolegwyr yn chwilio am y marciau maen nhw wedi'u gadael ar yr esgyrn. Wedyn mae dylunydd yn 'gwisgo'r' ysgerbwd â chyhyrau, ymysgaroedd, organau mewnol ac yn olaf, croen.

▼ Mae modelau maint llawn o ddeinasoriaid wedi'u gwneud o ffibr gwydr neu rwber. Rhaid dyfalu union liw eu cyrff yn ofalus

4. Adeiladu

Gall technegwyr adeiladu rhai ysgerbydau cyflawn ar gyfer arddangosfa. Rhaid codi fframwaith drwy weldio stribedi tenau o fetel at ei gilydd, a gosod yr esgyrn arno. Os mai castiau plastig sydd yn lle esgyrn, mae'n bosibl cuddio'r fframwaith yn y castiau. Mae ysgerbwd *Tyrannosaurus* mor enfawr fel bod rhaid ei godi yn y fan a'r lle – mae'n cymryd dyddiau i osod yr esgyrn i gyd at ei gilydd.

Mae deinosoriaid yn boblogaidd iawn mewn unrhyw amgueddfa. Gall gymryd dwy neu dair blynedd i baratoi arddangosfa fawr, gydag ysgerbydau, modelau sy'n symud a ffilmiau. Wedyn, gall deithio o gwmpas y byd i roi gwybod i bobl am ddarganfyddiadau newydd.

6. Lledu'r newyddion

Caiff syniadau newydd eu cyhoeddi ar y Rhyngrwyd ac mewn llyfrau a chyfnodolion gwyddonol, er gwybodaeth i bobl ledled y byd. Mae'r lluniau o ddeinosoriaid yn y llyfr hwn yn ffrwyth syniadau newydd a thechnoleg fodern.

▼ Dyma *Ceratosaurus* cigysol yn hela gyr o *Aptosaurus* llysysol. Wrth symud fel gyr, mae'r deinosor bach yn y canol yn cael ei amddiffyn. Ond mae'r *Ceratosaurus* yn gobeithio tynnu *Apatosaurus* ifanc – neu un hen neu un gwan – o'r gyr er mwyn ymosod arno a'i ladd.

▲ Mae dau 'pterosor', *Rhamphorhynchus*, yn gwylio'r olygfa oddi tanynt. Ar y chwith, mae rhai *Stegosaurus* yn yfed ar lan yr afon. Mae *Diplodocus* â gwddf hir yn croesi i fwydo ar blanhigion ar yr un lan. Ar y dde, mae gyr o *Barosaurus* yn mynd i bori rhwng y coed.

BYD Y DEINOSORIAID

Yn ystod y cyfnod Jwrasig Diweddar 150 miliwn blynedd yn ôl, roedd coedwigoedd llawn llystyfiant ffrwythlon yn hinsawdd drofannol Canolbarth America. Roedd gyrroedd o ddeinosoriaid mawr llysysol yn symud yn araf ar hyd glannau'r afonydd, a deinosoriaid cigysol yn eu hela. Bu palaeontolegwyr yn astudio Ffurfiant Morrison, sef haen drwchus o graig sydd dros ardaloedd helaeth o Utah a Colorado. Felly maen nhw wedi llwyddo i ail-greu byd y deinosoriaid hyn yn rhyfeddol o fanwl.

▼ Mae dau *Allosaurus* cigysol wedi cael *Diplodocus* i gornel. Byddant yn ceisio cnoi darnau o gnawd a dilyn y *Diplodocus* wrth iddo waedu i farwolaeth. Ond nid yw lladd deinosor mor fawr yn hawdd. Gall y *Diplodocus* droi a sathru ar *Allosaurus*, neu ei chwipio â'i gynffon.

Y chwilwyr esgyrn
O 1870 i 1890 bu Othaniel Charles Marsh (canol y rhes gefn gyda'i gasglwyr) ac Edward Drinker Cope (ar y dde) yn cystadlu i ddod o hyd i'r ysgerbydau gorau yn Ffurfiant Morrison.

Cyn y deinosoriaid

Anifeiliaid gweddol ddiweddar yw'r deinosoriaid. Roedd bywyd wedi bod ar y Ddaear am filiynau o flynyddoedd cyn i'r deinosoriaid ymddangos. Bacteria microsgopig oedd y pethau byw cyntaf yn y môr 3,500 miliwn blynedd yn ôl.

Y deinosoriaid cyntaf
Roedd y deinosoriaid hynaf, fel *Eoraptor* (uchod) yn anifeiliaid cigysol yr un maint â dyn. Mae'r creigiau lle daeth ffosiliau *Eoraptor* i'r golwg yn 228 miliwn blynedd oed. Mae dannedd miniog bwaog gan y penglog i rwygo'r cnawd.

▼ 520 miliwn blynedd yn ôl daeth creaduriaid mwy i'r môr. Yn Burgess Shale, Canada, roedd anifeiliaid rhyfedd â choesau cymalog, yn perthyn o bell i grancod. *Pikaia* oedd y pysgodyn cyntaf a'r fertebrat cyntaf, neu anifail ag asgwrn cefn.

▼ Cafwyd newidiadau mawr 380 miliwn blynedd yn ôl yn ystod y cyfnod Defonaidd. Symudodd bywyd i'r tir. Ymddangosodd planhigion, pryfed a'r amffibiaid cyntaf – roedd *ichthyostega* yn un o hynafiaid brogaod a salamandrau.

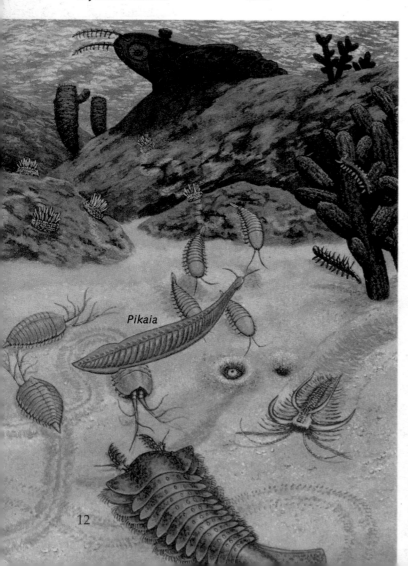

Pikaia

Ichthyostega

Ffurfiwyd y Ddaear yn belen o graig dawdd tua 4,600 miliwn blynedd yn ôl. Cymerodd o leiaf 600 miliwn blynedd i oeri. Ymddangosodd y pethau byw cyntaf tua 3,500 miliwn blynedd yn ôl. Rhai microsgopig oedden nhw tan tua 600 miliwn blynedd yn ôl. Wedyn, datblygodd bywyd yn y môr gan gynnwys coralau, pysgod, anifeiliaid cregyn a hynafiaid crancod.

Y cam mawr nesaf oedd symud i'r tir. Roedd y fertebratau cyntaf ar y tir, yr amffibiaid, yn dal i ddodwy eu hwyau mewn dŵr. Yna, 320 miliwn blynedd yn ôl, daeth yr ymlusgiaid – mae masgl am yr wyau i'w hamddiffyn gan eu bod yn cael eu dodwy ar y tir. Ymddangosodd y deinosoriaid cyntaf pan oedd 19/20 o hanes y byd wedi mynd heibio!

▼ Roedd ymlusgiaid yn gyffredin yn ystod y cyfnod Permaidd, 260 miliwn blynedd yn ôl. Roedd *Lycaenops* yn ymlusgiad tebyg i famaliaid, un o hynafiaid mamaliaid modern. Gallai hwn ladd llysfwytawyr fel *Scutosaurus* â'i ddannedd miniog.

▼ Diflannodd nifer fawr o rywogaethau ar ddiwedd y cyfnod Permaidd, 250 miliwn blynedd yn ôl. Erbyn y cyfnod Triasig diweddar, 225 miliwn blynedd yn ôl, ymddangosodd y deinosoriaid cyntaf, fel *Eoraptor*, a'r mamaliaid cyntaf, fel *Megazostrodon*.

Lycaenops

Scutosaurus

Eoraptor

Megazostrodon

Cyfandiroedd yn symud

Mae ffosiliau deinosoriaid o'r un rhywogaethau wedi dod i'r golwg ledled y byd – yn Affrica, Gogledd America, Ewrop ac Awstralia. Mae'n union fel dod o hyd i eliffant yn Awstralia. Ond mae daearegwyr wedi dangos mai un ehangdir mawr o'r enw Pangaea ('Y Byd Cyfan') oedd y cyfandiroedd ar un adeg. Felly gallai'r deinosoriaid grwydro dros y byd i gyd.

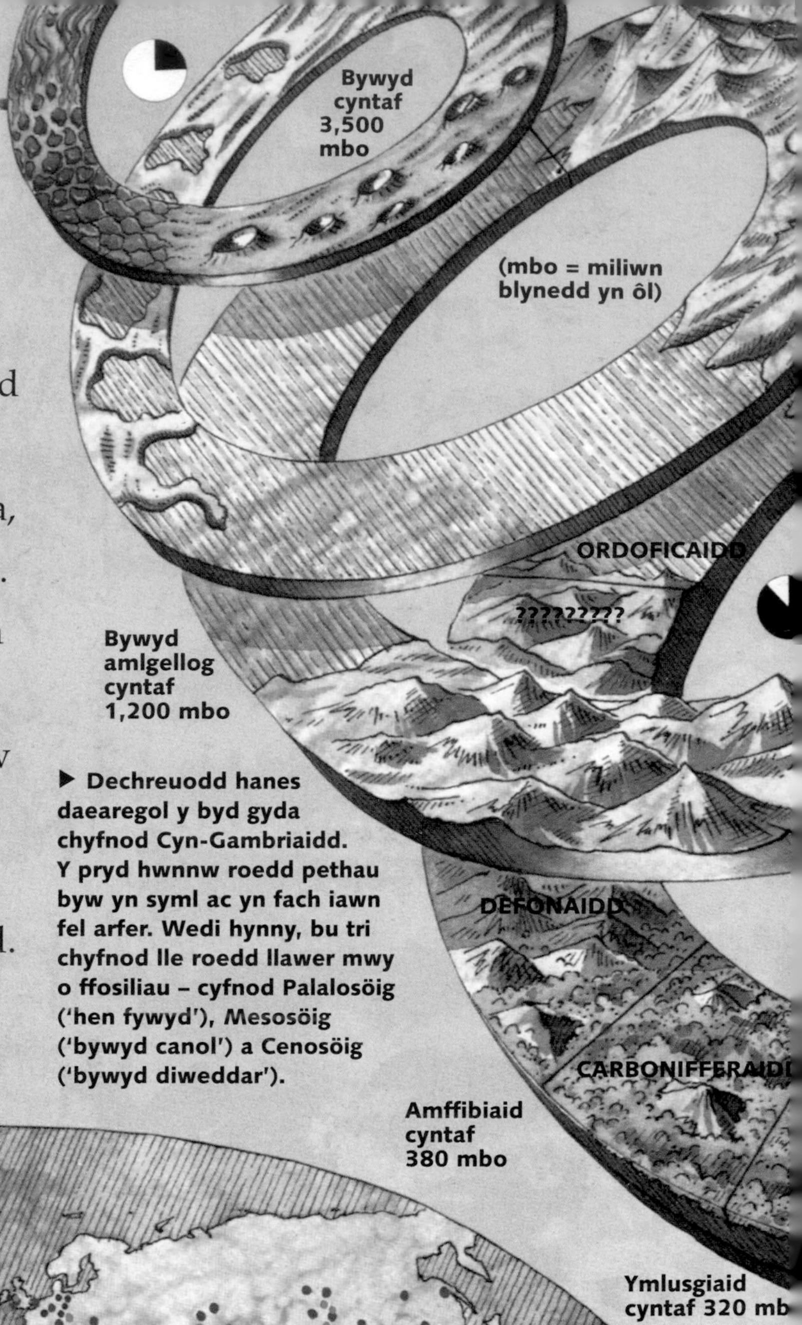

▼ Yng Ngogledd America ac Ewrop, ac yn China a Mongolia yn Asia mae'r ardaloedd enwocaf ar gyfer ffosiliau deinosoriaid. Yn ddiweddar, daeth ffosiliau cyffrous newydd i'r golwg yn Awstralia, De Affrica ac Antartica.

Bywyd cyntaf 3,500 mbo

(mbo = miliwn blynedd yn ôl)

Bywyd amlgellog cyntaf 1,200 mbo

▶ Dechreuodd hanes daearegol y byd gyda chyfnod Cyn-Gambriaidd. Y pryd hwnnw roedd pethau byw yn syml ac yn fach iawn fel arfer. Wedi hynny, bu tri chyfnod lle roedd llawer mwy o ffosiliau – cyfnod Palalosöig ('hen fywyd'), Mesosöig ('bywyd canol') a Cenosöig ('bywyd diweddar').

ORDOFICAIDD

?????????

DEFONAIDD

CARBONIFFERAIDD

Amffibiaid cyntaf 380 mbo

Ymlusgiaid cyntaf 320 mb

- CRETASIG

JWRASIG

- TRIASIG

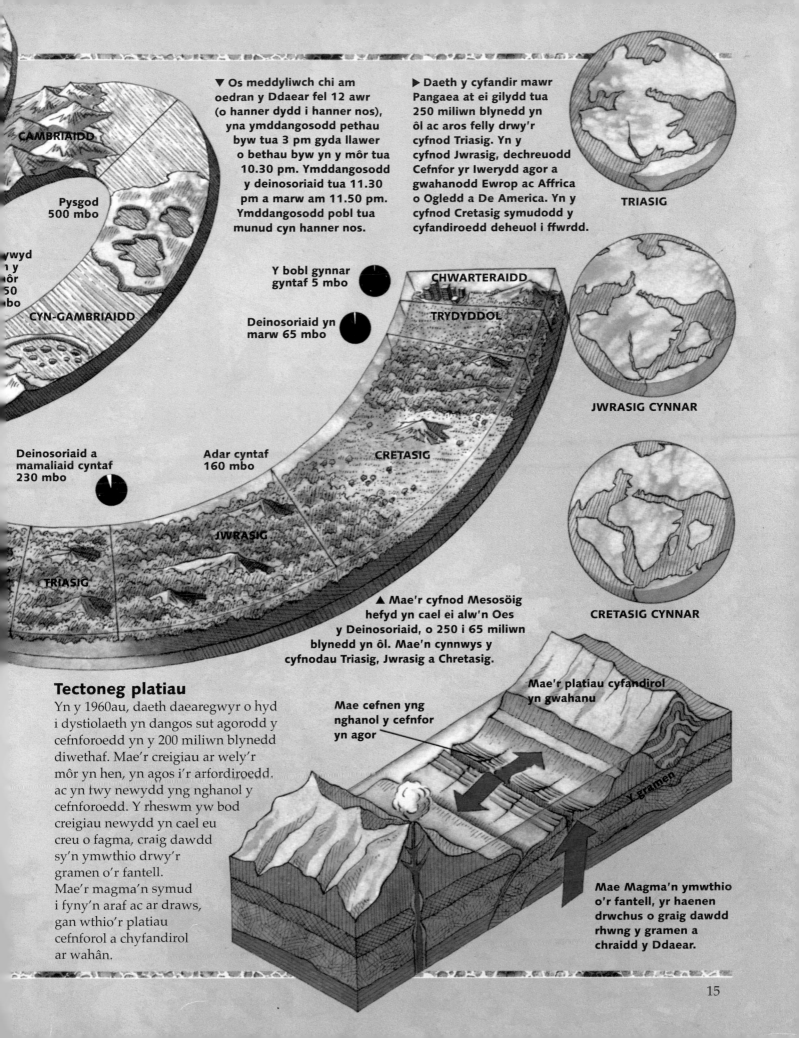

CAMBRIAIDD

Pysgod
500 mbo

...ywyd
...n y
...ôr
...50
...bo

CYN-GAMBRIAIDD

▼ Os meddyliwch chi am oedran y Ddaear fel 12 awr (o hanner dydd i hanner nos), yna ymddangosodd pethau byw tua 3 pm gyda llawer o bethau byw yn y môr tua 10.30 pm. Ymddangosodd y deinosoriaid tua 11.30 pm a marw am 11.50 pm. Ymddangosodd pobl tua munud cyn hanner nos.

▶ Daeth y cyfandir mawr Pangaea at ei gilydd tua 250 miliwn blynedd yn ôl ac aros felly drwy'r cyfnod Triasig. Yn y cyfnod Jwrasig, dechreuodd Cefnfor yr Iwerydd agor a gwahanodd Ewrop ac Affrica o Ogledd a De America. Yn y cyfnod Cretasig symudodd y cyfandiroedd deheuol i ffwrdd.

TRIASIG

Y bobl gynnar gyntaf 5 mbo

CHWARTERAIDD

Deinosoriaid yn marw 65 mbo

TRYDYDDOL

JWRASIG CYNNAR

Deinosoriaid a mamaliaid cyntaf 230 mbo

Adar cyntaf 160 mbo

CRETASIG

JWRASIG

TRIASIG

CRETASIG CYNNAR

▲ Mae'r cyfnod Mesosöig hefyd yn cael ei alw'n Oes y Deinosoriaid, o 250 i 65 miliwn blynedd yn ôl. Mae'n cynnwys y cyfnodau Triasig, Jwrasig a Chretasig.

Tectoneg platiau

Yn y 1960au, daeth daearegwyr o hyd i dystiolaeth yn dangos sut agorodd y cefnforoedd yn y 200 miliwn blynedd diwethaf. Mae'r creigiau ar wely'r môr yn hen, yn agos i'r arfordiroedd. ac yn fwy newydd yng nghanol y cefnforoedd. Y rheswm yw bod creigiau newydd yn cael eu creu o fagma, craig dawdd sy'n ymwthio drwy'r gramen o'r fantell. Mae'r magma'n symud i fyny'n araf ac ar draws, gan wthio'r platiau cefnforol a chyfandirol ar wahân.

Mae cefnen yng nghanol y cefnfor yn agor

Mae'r platiau cyfandirol yn gwahanu

Y gramen

Mae Magma'n ymwthio o'r fantell, yr haenen drwchus o graig dawdd rhwng y gramen a chraidd y Ddaear.

Cyfnod Triasig Diweddar

Yn 1947, daeth palaeontolegwyr o Amgueddfa Astudiaethau Natur America o hyd i safle deinosoriaid mawr yn *Ghost Ranch* ym Mecsico Newydd. Codon nhw gannoedd o sgerbydau *Coelophysis* o'r Cyfnod Triasig Diweddar, 220 miliwn blynedd yn ôl. Ers hynny, mae timau eraill wedi dod o hyd i lawer mwy – mae wedi cymryd 50 mlynedd i'w hastudio i gyd.

▶ Roedd gyr o *Coelophysis* yn mynd ar draws y gwastadeddau sych pan gawson nhw eu golchi i ffwrdd gan lifogydd sydyn. Pentyrrodd eu cyrff ar dywod.

Y ffosiliau

Roedd pob darn o graig o Ghost Ranch yn cynnwys nifer o sgerbydau *Coelophysis*, yn gymysg i gyd. Roedd yr esgyrn yn dod o anifeiliaid hen ac ifanc. Roedd gan un neu ddau o'r oedolion esgyrn *Coelophrysis* ifanc yn eu stumogau, nid oherwydd eu bod nhw'n feichiog, ond am mai canibaliaid oedden nhw!

Ymddangosodd deinosoriaid am y tro cyntaf yn ystod y cyfnod Triasig diweddar, pan oedd anialwch dros rannau helaeth o'r byd. Roedd y rhai cyntaf yn cynnwys enghreifftiau o'r ddau brif grŵp: *Eoraptor*, *Coelophysis* a *Plateosaurus* yn soriscaidd; a *Pisanosaurus* o'r Ariannin yn ornithiscaidd.

▲Ned Colbert (chwith) oedd arweinydd tîm casglwyr esgyrn *Bone Ranch*. Bu'n gweithio ar y safle am flynyddoedd. Gorffennodd astudio'r casgliad enfawr o sgerbydau yn 1991. Roedd Colbert yn un o gasglwyr deinosoriaid enwocaf Gogledd America. Bu farw yn 2001, yn 96 oed, ar ôl casglu ffosiliau am dros 60 blynedd o bedwar ban y byd, hyd yn oed yr Antarctig.

Cyfnod Jwrasig Cynnar

Lufengosaurus oedd y deinosor cyntaf i gael ei gloddio a'i arddangos yn China – daeth i'r golwg yn y 1930au yn ardal Ffurfiant Lufeng o Ranbarth Yunnan. Cyhoeddodd y llywodraeth stampiau *Lufengosaurus*. Wedi hynny, cloddiodd y palaeontolegwr, CC Young, ddwsinau o sgerbydau deinosoriaid eraill. Hefyd, bu'n hyfforddi palaeontolegwyr ifanc eraill i barhau â'r gwaith.

Dannedd i fwyta planhigion

Mae dannedd eithaf bach, fel pegiau, gan benglog y *Lufengosaurus*. Roedd y rhain yn ddefnyddiol i dorri dail meddal, ond yn dda i ddim i gnoi. Fel y rhan fwyaf o ddeinosoriaid, roedd y *Lufengosaurus* yn llyncu ei fwyd yn gyfan, heb ei gnoi.

▶ Dyma ddau *Lufengosaurus* yn mynd drwy'r goedwig. Roedd pob anifail yn bwyta hanner tunnell o ddail y dydd – fyddai gyr cyfan ddim yn hir cyn bwyta pob planhigyn.

▲Mae deinosoriaid yn dal i ddod i'r golwg yn China. Cafodd ffosiliau soropod enfawr 150 miliwn blynedd oed eu darganfod ger Dinas Zigong yn ne-orllewin Rhanbarth Sichuan yn 1996. Roedd yr olion yn dangos bod y deinosor o leiaf 20 metr o hyd, â gwddf a chynffon hir. Does dim enw arno eto.

Lufengosaurus

Massospondylus

Plateosaurus

*L*ufengosaurus a'r prosoropodiaid eraill oedd y prif lysfwytawyr am bron i 50 miliwn blynedd, yn ystod y Cyfnod Triasig Diweddar a'r Cyfnod Jwrasig Cynnar. Ar y pryd, dyma'r anifail mwyaf oedd wedi byw ar y tir erioed. Roedden nhw'n symud yn araf ar eu pedwar, gan godi ar eu coesau ôl i gyrraedd dail ar goeden fawr.

▲Roedd prosoropodau o wahanol rannau o'r byd – *Lufengosaurus* o China, *Massospondylus* o Dde Affrica a *Plateosaurus* o'r Almaen – yn debyg iawn. Roedden nhw'n 5 i 10 metr o hyd, gyda gyddfau a chynffonnau hir, cyrff cadarn, a breichiau a choesau cryf.

► *Cetiosaurus* oedd un o'r soropodiaid cyntaf. Roedd iddo rai nodweddion cyntefig, er enghraifft, roedd ei fertebratau'n solet. Roedd gan soropodiaid y Cyfnod Jwrasig diweddar fylchau awyr rhag gorfod cario pwysau.

▼ Stegosor neu ddeinosor 'platiog' oedd *Lexovisaurus* yn debyg i'w berthynas enwocach *Stegosaurus* o'r cyfnod Jwrasig Diweddar, ond â sbigynnau tenau ar hyd ei gefn.

Cyfnod Jwrasig Canol

Yn y cyfnod Jwrasig Canol, roedd Swydd Rhydychen ar lan môr trofannol. Roedd soropodiaid llysysol enfawr fel *Cetiosaurus* yn crwydro'r coedwigoedd. Roedd y deinosor cigysol cyntaf, *Megalosaurus*, yn hela'i bryd nesaf, *Lexovisaurus*.

▲Sauropods oedd deinosoriaid mwyaf y cyfnod Jwrasig Canol. Roedd anifeiliaid llai fel salamandrau a madfall i'w gweld yn Rhydychen.

20

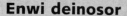

Enwi deinosor

Roedd gan *Megalosaurus* lawer o ddannedd mawr miniog. Mae dannedd pob deinosor cigysol yn troi am 'nôl. Roedd hyn yn helpu'r deinosor i gydio yn ei ysglyfaeth a'i rwystro rhag dianc. Y darn yma o'r genogl yw'r teipsbesimen – hynny yw, dyma'r sbesimen gwreiddiol a gafodd yr enw *Megalosaurus* gyntaf. Mae'n dal i'w weld yn amgueddfa Prifysgol Rhydychen

◀ Yn ardal Rhydychen roedd llawer o chwareli calchfaen ar gyfer adeiladu. Roedd y gweithwyr yn aml yn dod o hyd i esgyrn ac yn eu taflu. Ond yn 1818, daeth gweithiwr yn Stonesfield o hyd i esgyrn mawr iawn. Genogl oedd un gyda dannedd mawr crwm. Roedd e'n gwybod iddo ddod o hyd i rywbeth pwysig.

▶ Clywodd William Buckland, Athro Daeareg ym Mhrifysgol Rhydychen, am yr esgyrn. Cafodd yr esgyrn eu glanhau, ond doedd e ddim yn gallu dweud beth oedden nhw. Gofynnodd am farn ysgolheigion eraill, gan gynnwys yr enwog Georges Cuvier o Baris. Yn y diwedd, penderfynodd Buckland mai esgyrn madfall enfawr oedden nhw. Mae'r enw *Megalosaurus* yn golygu 'madfall enfawr' – roedd Buckland yn meddwl ei fod e'n 60 metr o hyd. Ond dim ond 9 metr o hyd oedd e, a deinosor, nid madfall oedd e.

Pan gafodd yr asgwrn deinosor cyntaf ei godi yn 1676 ger Rhydychen, roedd gwyddonwyr yn meddwl mai asgwrn dyn enfawr neu eliffant oedd e. Ar ôl darganfod *Megalosaurus* yn 1818 yn yr un ardal, dechreuodd astudiaethau deinosoriaid o ddifrif. *Megalosaurus* oedd y deinosor cyntaf i gael ei enwi, yn 1824. *Cetiosaurus* oedd y deinosor soropod cyntaf i gael ei enwi, yn 1842.

Cyfnod Cretasig Cynnar

120 miliwn blynedd yn ôl roedd Gogledd Affrica'n ardal drofannol ffrwythlon. Heddiw, mae ffosiliau deinosoriaid mewn ardaloedd sych o anialwch. Mae darganfyddiadau newydd o Niger, yn ardal y Sahara, yn cynnwys *Afrovenator*, deinosor cigysol. Efallai mai *Allosaurus* o Ogledd America yw ei berthynas agosaf.

▼ Roedd y deinosor cigysol *Afrovenator* yn byw gyda deinosoriaid a chrocodeiliaid eraill. Roedd yn 9 i 10 metr o hyd, ac yn bwyta deinosoriaid llysysol ac anifeiliaid llai eraill.

Roedd coed cyntefig a rhedyn yn tyfu yng nghoedwigoedd Niger. Roedd y pyllau a'r llynnoedd yn llawn pysgod â chen trwchus, a chrocodeiliaid yn eu bwyta. Roedd y cyfnod Cretasig Cynnar yn eithaf tebyg i Ewrop nawr, ond gyda gwahanol rywogaethau o ddeinosoriaid. Felly mae'n amlwg fod cyfandir Affrica wedi symud i ffwrdd o weddill y byd i raddau erbyn y cyfnod hwnnw.

▶ Y palaeontolegydd Paul Sereno enwodd *Afrovenator* yn 1995. Roedd wedi bod yn anodd cael mynediad i'r safle yn Niger. Yna treuliodd sawl wythnos yn chwilio'n ofer am ffosiliau. Ychydig cyn iddo droi am adref, newidiodd ei lwc – o'r diwedd daeth o hyd i'r penglog a rhan o'r ysgerbwd.

Iguanodon

Hypsilophodon

▶ Yn Ewrop yn y cyfnod Cretasig Cynnar, y deinosoriaid mwyaf cyffredin oedd yr ornithopodau, rhai llysysol â dwy goes fel *Iguanodon* a *Hypsilophodon*. Roedd rhai soropodiaid a deinosoriaid cigysol mawr, ond roedd mwy ohonynt yn Affrica yn y cyfnod hwnnw.

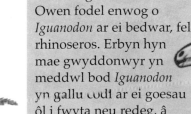

Ailgreu

Yn 1853 gwnaeth Richard Owen fodel enwog o *Iguanodon* ar ei bedwar, fel rhinoseros. Erbyn hyn mae gwyddonwyr yn meddwl bod *Iguanodon* yn gallu codi ar ei goesau ôl i fwyta neu redeg, â chynffon hir yn cydbwyso â'i gorff. Ond byddai hefyd yn cerdded ar ei bedwar, gan gynnal ei bwysau ar y blaen â'i freichiau.

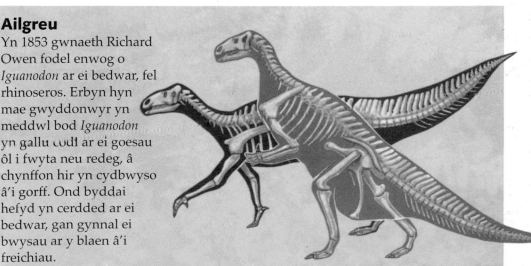

Cyfnod Cretasig Diweddar: Mongolia

Daeth y deinosoriaid i ben 65 miliwn blynedd yn ôl. Y deinosoriaid olaf oedd y rhai mwyaf amrywiol a rhyfeddol. Maen nhw'n cynnwys y rhai enwocaf – *tyrannosaurus*, y ceratopiaid corniog, a'r raptoriaid.

▲ Mae nythod ac wyau deinosoriaid yn perthyn i'r *Protoceratops* wedi dod i'r golwg yn safle Diffeithwch Gobi. Roedd hyd at 20 wy wedi'u dodwy'n sefyll mewn haenau ar ffurf cylchoedd.

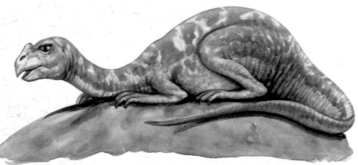

▲ Yn y 1920au, daeth ffosil deinosor i'r golwg ger nyth. Rhoddodd palaeontolegwyr yr enw *Oviraptor* arno, sef 'lleidr wyau'. Ond mae darganfyddiadau newydd yn y 1990au'n awgrymu mai mam *Oviraptor* oedd yno'n gwarchod ei hwyau ei hun.

Mongolia adeg y cyfnod Cretasig Diweddar yw un o'r cyfnodau mwyaf cyffrous yn hanes deinosoriaid. Adeg alldaith Americanaidd yn y 1920au daeth esgyrn i'r golwg gyntaf yn Niffeithwch Gobi, Mongolia. Ers hynny, mae gwyddonwyr o Rwsia, Gwlad Pwyl a Mongolia wedi casglu ffosiliau yno. Ers y 1990au, mae alldeithiau o America wedi darganfod trysorau mwy rhyfeddol byth.

▲ Er bod *Protoceratops* yn *ceratops* â chyrn ar ei wyneb, doedd y cyrn ddim yn rhai iawn fel y *Triceratops*. Roedd gan *Saurolophus* big hwyaden fel *Hadrosaurus* Gogledd America.

▶ Dim ond 2 fetr o hyd oedd y cigysydd *Velociraptor*, ond roedd yn heliwr deallus a chyflym. Yn y llun mae wedi dal mamal bychan o'r enw *Zalambdalestes*, oedd ar fin dwyn ei wyau.

▼ Roedd y cigysydd enfawr *Tarbosaurus*, oedd hyd at 12 medr o hyd, yn hela'r deinosoriaid llysysol.

GOLWG AGOS AR DDEINOSORIAID

Roedd y deinosor olaf wedi marw tua 60 miliwn blynedd cyn i'r bobl gyntaf ymddangos.

Felly mae'n anodd gwybod sut roedden nhw'n byw. Adar yw perthnasau agosaf deinosoriaid, ond does dim pwynt astudio robin goch er mwyn deall sut roedd *Tyrannosaurus rex* yn gweithio! Felly mae palaeontolegwyr hefyd yn edrych ar ymlusgiaid byw fel crocodeiliaid, a mamaliaid. Maen nhw'n profi syniadau am ymddygiad deinosoriaid drwy edrych ar dystiolaeth ffosil am yr anatomi.

▲ Mae rhai gwyddonwyr yn meddwl bod soropodiaid enfawr yn gallu codi ar eu coesau ôl i gyrraedd dail uchel. Mae eraill yn anghytuno, byddai pwysau eu corff yn gwneud i'r coesau ôl a'r gynffon dorri.

Mae'r cas ymennydd bychan yn awgrymu ymennydd bychan – rhy fach i reoli corff mor enfawr? Efallai bod canolfan nerfol arall ger y cluniau'n rheoli hanner cefn y corff.

Y fframwaith

Roedd gan ddeinosoriaid asgwrn cefn. Roedd hwn yn cysylltu'r ysgerbwd i gyd. Hefyd, roedd madruddyn y cefn ynddo, yn cysylltu'r ymennydd â'r nerfau oedd yn mynd i bob rhan o'r corff.

Mae ffosiliau esgyrn yn dangos lle roedd y cyhyrau a'r pibellau gwaed. Ond doedd dim organau mewnol meddal wedi dod i'r golwg – tan 1998. Daeth dau sbesimen cyffrous i'r golwg, o'r Eidal a China, gyda'u perfeddion wedi'u cadw.

fertebratau'r gynffon

rhefr

Symud

Anifail dwy goes oedd *T rex*, yn cerdded ar ei goesau ôl cyhyrog – roedd ei freichiau'n rhy fach i fod o ddefnydd. Mae'n debyg bod *T rex* yn gallu rhedeg mor gyflym â cheffyl rasio (tua 50 cilometr yr awr), ond dros bellter byr yn unig. Roedd ei gynffon hir yn cydbwyso â gweddill ei gorff.

Dim ond ychydig o groen deinosor sydd wedi'i gadw. Fel arfer, ceir olion croen mewn tywod neu fwd, a hwnnw wedi ffosileiddio. Mae'r olion yn dangos a oedd y croen yn gennog neu'n gnapiog, ond nid ei liw.

▲ Mae'r fertebratau hyn yn rhan o'r ysgerbwd *Tyrannosaurus* mwyaf a mwyaf cyflawn erioed. Cafodd ei ddarganfod yn South Dakota, UDA yn 1991. Gwerthwyd 'Sue', y deinosor deg tunnell i amgueddfa yn Chicago am $8 (£5.3 miliwn).

Canolfan reoli

Roedd penglog enfawr *T rex* yn amddiffyn ei ymennydd a'i organau synhwyrau – y llygaid, y clustiau, y tafod a'r trwyn. Fel yr ymlusgiaid eraill, roedd yr ymennydd mewn cas bychan yn ddwfn yn y penglog, fel blwch cardiau mewn blwch esgidiau.

Cylchrediad

Mae eich calon yr un maint â'ch dwrn. Roedd angen calon maint mochyn ar *T rex* i bwmpio gwaed o gwmpas ei gorff enfawr – cofiwch fod *T rex* yn 6 metr o daldra ac yn 15 metr o'i drwyn i flaen ei gynffon.

Anadlu

Mae angen ocsigen o'r awyr ar bob anifail. Mae ysgyfaint fel megin yn eich cawell asennau, yn chwyddo wrth sugno awyr i mewn ac yn crebachu wrth ei wthio allan. Roedd pâr o ysgyfaint yr un maint â char gan *T rex*.

Treulio bwyd

Roedd *T rex* yn gigysydd ac yn rhwygo cig â dannedd miniog 18 centimetr o hyd. Yn ei stumog, tua 3 i 4 metr o led, roedd bwyd yn cael ei falu'n bast gyda help cerrig stumog. Yna roedd e'n symud i'r perfedd i'w dreulio ac i roi egni. Roedd talpiau enfawr o wastraff yn mynd o'r anws.

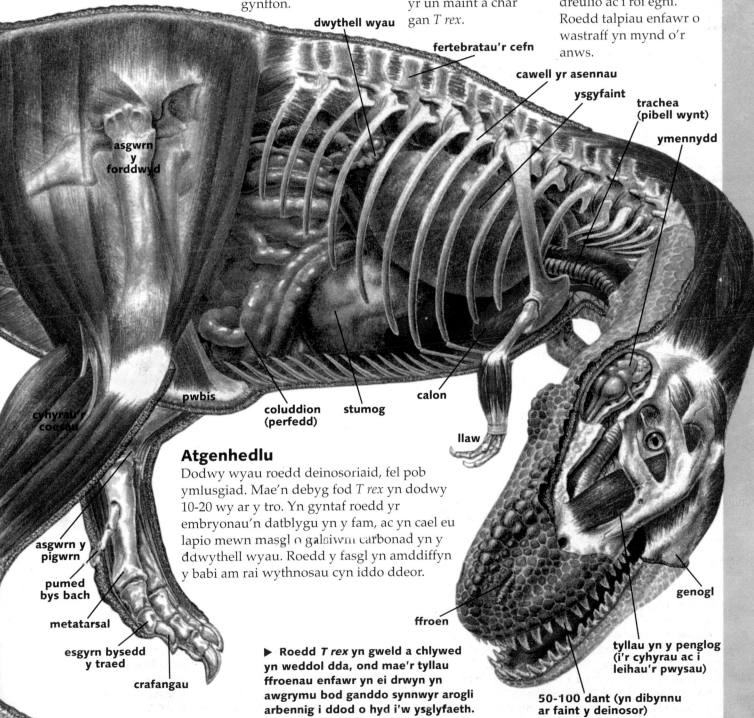

dwythell wyau

fertebratau'r cefn

cawell yr asennau

ysgyfaint

trachea (pibell wynt)

ymennydd

asgwrn y forddwyd

pwbis

coluddion (perfedd)

stumog

calon

llaw

cyhyrau'r coesau

Atgenhedlu

Dodwy wyau roedd deinosoriaid, fel pob ymlusgiad. Mae'n debyg fod *T rex* yn dodwy 10-20 wy ar y tro. Yn gyntaf roedd yr embryonau'n datblygu yn y fam, ac yn cael eu lapio mewn masgl o galsiwm carbonad yn y ddwythell wyau. Roedd y fasgl yn amddiffyn y babi am rai wythnosau cyn iddo ddeor.

asgwrn y pigwrn

pumed bys bach

metatarsal

esgyrn bysedd y traed

crafangau

ffroen

genogl

tyllau yn y penglog (i'r cyhyrau ac i leihau'r pwysau)

50-100 dant (yn dibynnu ar faint y deinosor)

▶ Roedd *T rex* yn gweld a chlywed yn weddol dda, ond mae'r tyllau ffroenau enfawr yn ei drwyn yn awgrymu bod ganddo synnwyr arogli arbennig i ddod o hyd i'w ysglyfaeth.

Gwryw a benyw

Gyda rhai anifeiliaid, hawdd gweld pa un yw'r gwryw a'r fenyw, yn enwedig pan fydd ganddyn nhw liwiau, cribau neu synau arbennig i roi arwyddion i'w gilydd. Sut mae gwneud hyn gyda deinosoriaid? Mae ffosiliau'n dangos bod rhai deinosoriaid gwryw'n fwy na'r rhai benyw, neu fod cyrn hirach ganddyn nhw. Ond rhaid i wyddonwyr ddyfalu am wahaniaethau eraill drwy gymharu deinosoriaid ag anifeiliaid modern.

▼ Roedd gan rai hadrosoriaid fel *Corythosaurus* a *Tsintaosaurus*, gribau esgyrnog wedi'u gorchuddio â chroen llachar. Gallai hadrosoriaid eraill, fel *Saurolophus*, *Kritosaurus* ac *Edmontosaurus*, chwythu sachau awyr fel balŵnau dros eu trwynau i ddenu benyw neu i godi ofn ar wrthwynebwyr – fel y nadroedd a'r madfallod sy'n chwyddo'r croen dros eu gyddfau neu'r tu ôl i'w pennau.

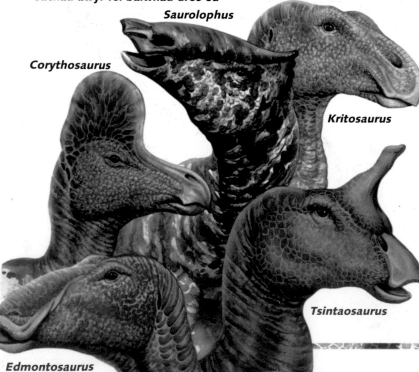

Saurolophus

Corythosaurus

Kritosaurus

Tsintaosaurus

Edmontosaurus

Mae gwahaniaethau amlwg rhwng gwryw a benyw'r hadrosoriaid, neu'r deinosoriaid pig hwyaden. Roedd eu sgerbydau nhw'n debyg, ond roedd gwahanol bethau ar eu pennau. Ar y dechrau, enwodd palaeontolegwyr bob math yn rhywogaeth wahanol. Yna sylwon nhw fod rhai mathau bob amser gyda'i gilydd – gwryw a benyw'r un rhywogaeth oedd y rhain, yn amlwg. Oedd y gwrywod yn anfon arwyddion â'u pennau?

▼ Yn y gyr yma o hadrosoriaid, mae'r *Parasaurolophus* benyw yn gwarchod y rhai bach. Mae dau wryw ar y chwith yn ymladd i weld pwy yw'r bòs. Mae gwryw arall yn synhwyro bod perygl ac yn rhybuddio pawb.

◄ Crib hir fel tiwb ar ei ben oedd gan y *Parasaurolophus*. Esgyrn y trwyn oedd yn ffurfio'r grib – a'r awyr yn dod o'r ffroenau drwy'r grib ac i lawr i'r gwddf. Wrth i'r *Parasaurolophus* anadlu i mewn ac allan, gallai wneud synau hwtian a chlegar.

Roedd cribau o wahanol faint yn gwneud synau gwahanol. Felly roedd y gwrywod, y benywod a'r rhai ifanc yn galw'n wahanol. Yn ddiweddar, mae gwyddonwyr wedi gwneud modelau o benglogau hadrosawrau gwahanol. Wrth chwythu trwyddyn nhw, sylwon nhw fod cribau gwahanol yn rhoi synau gwahanol, fel gwahanol offerynnau mewn band pres.

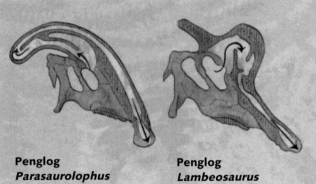

Penglog *Parasaurolophus*

Penglog *Lambeosaurus*

Llif awyr

Pan fyddwch chi'n torri drwy benglog hadrosor, gallwch weld sut roedd yr awyr yn llifo i fyny'r grib wrth i'r anifail anadlu. Mae'r coiliau a'r troeon yn debyg i siapau cymhleth trwmped.

Ymladd

Adeg y Cyfnod Cretasig, roedd llawer o sŵn hadrosoriaid gwrywaidd yn hwtian a chlegar, a sŵn penglogau pachycephalosoriaid yn taro yn erbyn ei gilydd. Mae anifeiliaid modern yn ymladd am sawl rheswm. Rhaid ymladd ag ysglyfaethwyr i'w hamddiffyn eu hunain, a hefyd mae'r gwrywod yn ymladd i weld pwy fydd yr arweinydd. Mae'n debyg fod llawer o ddeinosoriaid yn gwneud yr un peth.

▲ Roedd esgyrn corun penglog pachycephalosoriaid yn drwchus iawn. Efallai bod y gwrywod yn arfer tolcio pennau ei gilydd. Mae defaid mynydd a cheirw'n gwneud hyn i weld pwy fydd yn arwain y gweddill.

Geni a marw

Rydyn ni'n gwybod mwy am sut roedd deinosoriaid yn cael eu geni nag am sut roedden nhw'n marw. Mae cannoedd o wyau ffosil wedi dod i'r golwg. Roedd ganddyn nhw fasgl caled calchog, yn union fel wyau adar, a byddai 10-40 yn cael eu dodwy ar y tro.

Mynydd wyau

Nythod mewn cytrefi oedd gan y *Maiasaura*, hadrosawr o'r Cyfnod Cretasig Diweddar. Yn 1984 daeth dros 20 nyth i'r golwg ar Egg Mountain yn Montana, UDA. Gwnai'r mamau nythod drwy grafu twll yn y ddaear cyn dodwy tua 20 wy, a'u gorchuddio â thywod a llystyfiant i'w cadw'n gynnes. Ar ôl 3 i 4 wythnos, roedd y rhai bach yn deor. Weithiau byddai'r rhieni neu'r brodyr a'r chwiorydd hŷn yn aros o gwmpas i warchod rhag lladron wyau fel *Troodon*.

▶ Pan fyddai babanod *Maiasaura* yn deor, byddai'r fam yn dod â phlanhigion ifanc iddynt i'w bwyta. Ar ôl rhai wythnosau, gallent grwydro a chwilio am fwyd eu hunain. Ond mae'n debyg ei bod hi'n saffach i'r teulu aros gyda'i gilydd.

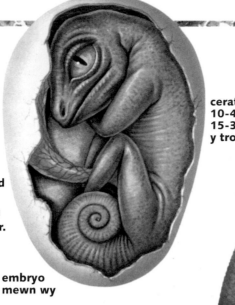

► Roedd wyau deinosor o bob maint i'w gael – rhai'n grwn fel wyau aderyn mawr, eraill yn hir fel sosej. Mae rhai wyau anhygoel a ddaeth i'r golwg yng Ngogledd America a China yn y 1990au'n dangos esgyrn mân embryo'r deinosoriaid ynddyn nhw. Rhaid bod tywod wedi claddu'r wyau hyn cyn i'r rhai bach ddeor.

embryo mewn wy

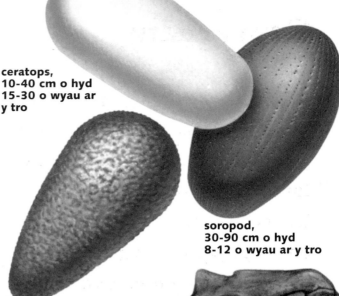

ceratops, 10-40 cm o hyd 15-30 o wyau ar y tro

soropod, 30-90 cm o hyd 8-12 o wyau ar y tro

hadrosor, 10-40 cm o hyd 15-30 o wyau ar y tro

Tyfu

Dengys cyfres ryfeddol o ffosiliau sut roedd *Maiasawra*'n tyfu. Trwynau byr oedd gan y rhai newydd ddeor a'u hwyadbigau heb ddatblygu'n iawn. Roedd set gyflawn o ddannedd yno'n barod er mwyn bwyta planhigion yn syth. Wrth dyfu, roedd y trwyn yn mynd yn fyrrach ac yn lletach.

newydd ddeor

Maiasaura ifanc

Maiasawra llawn dwf

P am nad oedd deinosoriaid yn dodwy wyau mawr? Mewn cymhariaeth â iâr, dylai wy *Apatosaurus* fod yr un maint â char. Ond, mae'r wy deinosor mwyaf, wedi'i ddodwy gan y soropod *Hypselosaurus*, yn llai na metr o hyd, a'r rhan fwyaf yn llawer llai. Rhaid i drwch y plisgyn wy fod mewn cyfrannedd â chyfaint yr wy. Os yw cyfaint wy dros ddeg litr, mae'r plisgyn yn rhy drwchus i'r baban allu tyllu ei ffordd allan.

Hen esgyrn

Does dim tystiolaeth glir am oedran deinosoriaid – mae'n debyg fod y rhai mawr yn byw am ryw gan mlynedd neu fwy. Ond rydyn ni'n gwybod am glefydau deinosoriaid. Roedd deinosoriaid yn dioddef o arthritis, gowt, gwynegon a chlefydau eraill oedd yn rhwystro'u hesgyrn rhag symud.

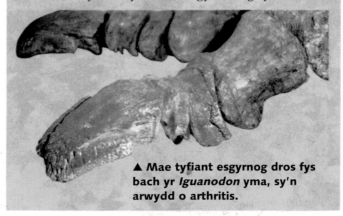

▲ Mae tyfiant esgyrnog dros fys bach yr *Iguanodon* yma, sy'n arwydd o arthritis.

Symud o hyd

Byddai deinosoriaid weithiau'n teithio'n bell iawn. Bydden nhw'n mudo am gannoedd o filltiroedd i chwilio am fwyd, neu i ddianc rhag tywydd oer y gaeaf. Byddai'r llysfwytawyr mawr yn chwilio am fwyd ar ôl bwyta'r holl ddail o'r coed.

▶ Gyr o *Saltasaurus* ar grwydr yn yr Ariannin 100 miliwn blynedd yn ôl. Mae'n debyg bod 10 neu 20 o'r soropodiaid anferth hyn yn byw gyda'i gilydd. Wrth chwilio am ragor o fwyd, mae'n debyg bod yr oedolion yn cerdded bob ochr a'r rhai ifanc yn y canol, i'w cadw'n ddiogel.

Mae palaeontolegwyr wedi dysgu am symudiadau deinosoriaid drwy astudio olion traed mewn cannoedd o safleoedd ledled y byd. Bachgen ysgol yng Ngogledd America ddaeth o hyd i'r olion deinosoriaid cyntaf gan theropodiaid bychain fel *Coelophysis*, 200 mlynedd yn ôl.

▶ Dyma Scott Madson o America'n datgelu olion o'r cyfnod Jwrasig Cynnar yn Ffurfiant Moenave yn Painted Desert, Arizona. Cafodd yr olion traed yma eu gwneud gan ddwy neu dair rhywogaeth o theropodiaid, deinosoriaid cigysol â dwy goes. Roedd troed o faint a siâp gwahanol gan bob rhywogaeth.

Pa mor gyflym?

Gall palaeontolegwyr weithio allan pa mor gyflym roedd deinosoriaid yn rhedeg wrth astudio hyd eu camau a'u coesau. Po gyflymaf mae'r anifail yn symud, hiraf yw hyd y cam. Mae hyn yn wir am ddeinosoriaid dwy goes a phedair coes.

hyd y goes

Allwedd:
• ôl troed flaen
◦ ôl troed ôl

hyd y cam

I ddechrau, roedd pobl yn meddwl mai adar enfawr oedd wedi gwneud olion traed deinosoriaid, achos bod tri bys troed hir gan lawer ohonyn nhw. Roedd deinosoriaid mwy fel y soropodiaid yn gwneud olion traed crwn, gyda phedwar neu pum bys troed byr. Mae'n bosib gweld pa ddeinosoriaid wnaeth yr olion traed drwy gymharu maint a siâp esgyrn eu traed.

Tyrannosaurus

Triceratops

Apatosaurus

Hypsilophodon

Roedd y *Triceratops* yn rhedeg tua 16 i 24 cilometr yr awr, fel rhinoseros. Roedd yn ddigon cyflym i ruthro at ymosodwr a chodi ofn arno.

Roedd yr *Apatosaurus* 40 tunnell yn cerdded tua 8 i 16 cilometr yr awr. Petai wedi ceisio rhedeg, byddai'r ardrawiad 400 tunnell wedi chwalu esgyrn ei goesau.

Roedd *Hypsilophodon* yn fach, dim ond 2 fedr o hyd. Y gred oedd ei fod yn byw mewn coed – ond gallai redeg ar hyd y ddaear ar gyflymder o hyd at 50 cilometr yr awr.

Roedd *Tyrannosaurus* yn cerdded tua 16 cilomedr yr awr. Cred rhai gwyddonwyr y gallai redeg yn llawer cynt, ond mae'n debyg ei fod yn rhy drwm i redeg am amser hir.

Bwyta planhigion

Llysfwytawyr oedd y rhan fwyaf o ddeinosoriaid. Ond mae planhigion yn gallu bod yn wydn ac anodd eu treulio. Er mwyn cael digon o egni , roedd rhaid i *Iguanodon* dreulio'r rhan fwyaf o'r diwrnod yn bwyta. Roedd yn bwyta llawer iawn o ddail, gan eu malu rhwng 100 dant drwy symud ei safn uchaf i'r naill ochr a'r llall.

Roedd gan *Heterodontosaurus* (1) ddannedd cul i gnoi. Roedd *Plateosaurus* (2), *Diplodocus* (3) ac *Apatosaurus* (4) yn malu bwyd â dannedd fel pegiau. Roedd gan *Stegosaurus* (5) ddannedd llydan cribog i dorri bwyd.

▼ Roedd *Iguanodon* yn tynnu llond ceg o ddail i'w geg â'i dafod hir, fel jiráff, ac yn eu torri i ffwrdd â'i big galed.

Mae cerrig stumog wedi dod i'r golwg yng nghewyll asennau nifer o ddeinosoriaid. Ar ôl llyncu'r cerrig yma, bydden nhw'n troi a malu planhigion yn y stumog. Mae ieir yn bwyta graean i wneud yr un peth.

Planhigion

Roedd y deinosoriaid wedi marw cyn i borfa ymddangos. Roedd deinosoriaid llysysol yn bwydo ar blanhigion byr fel rhedyn, marchrawn, coed ginco a sycad. Hefyd bydden nhw'n bwyta conwydd a rhai o'r planhigion blodeuol oedd yn tyfu ar y pryd. Mae ffosiliau planhigion yn dangos hyn: siapau dail du wedi'u gwasgu yn y graig ydyn nhw fel arfer.

ginco

sycad

conwydden

marchrawn

rhedyn

Doedd deinosoriaid llysysol ddim yn effeithlon iawn wrth brosesu planhigion. Doedd y rhan fwyaf ddim yn gallu symud eu genau o ochr i ochr i gnoi, felly roedd rhaid llyncu dail a changhennau'n gyfan. Roedd cerrig stumog gan rai deinosoriaid i'w helpu i falu'r bwyd yn eu stumog. Roedd microbau yn stumogau eraill i'w helpu i dreulio planhigion gwydn. Rhaid bod hyn yn cynhyrchu llawer o nwy cyn i'r gwastraff adael y corff: talpiau enfawr o ddom. Coprolitau yw'r enw ar ddom wedi'i ffosileiddio.

Mae'r coprolitau mwyaf, gan gigysyddion fel *T rex*, yn 50 cm o hyd.

Faint o fwyd?

Brachiosaurus 80 tunnell oedd un o'r soropodiaid mwyaf. Mae eliffant yn pwyso 5 tunnell ac yn bwyta tua 50 cilogram o blanhigion y dydd. Felly oedd *Brachiosaurus* yn bwyta 800 kg? Nac oedd, mae'n debyg, yn enwedig gan fod ei geg mor fach a'i wddf mor gul? Efallai mai dim ond 400 kg y dydd oedd e'n fwyta.

Crafanc i ladd

Roedd gan *Deionynchus* grafanc grom fel cryman ar ail fys bach ei droed. Wrth redeg, roedd y grafanc yn cael ei chodi oddi ar y llawr i'w chadw'n finiog. Wrth ladd, gallai *Deionynchus* fachu'r ysglyfaeth â'i grafanc a gwneud toriad dwfn ryw fedr neu fwy o hyd.

▶ **Roedd deinosoriaid bach fel *Deinonychus* yn hela mewn grwpiau, fel cŵn hela heddiw. Byddai pump neu chwech yn rhedeg ar ôl yr ysglyfaeth am sawl cilomedr, gan gnoi ei sodlau a rhwygo'r cnawd. Yn y pen draw byddai'r llysysydd mawr yn cwympo i'r llawr, wedi ymládd. Wedyn byddai pawb yn rhuthro i'w ladd.**

Hela a charthysu

Deinosoriaid theropod oedd yr unig gigysyddion. Roedd rhai'n garthysyddion ac yn bwyta anifeiliaid oedd wedi marw'n barod. Roedd eraill yn helwyr oedd yn hela a lladd eu hysglyfaeth eu hunain, o bryfed i ddeinosoriaid eraill.

▶ **Roedd gan *Tyrannosaurus*, *Allosaurus* a *Dilophosaurus* ddannedd hir, crwm i rwygo cnawd llysysyddion. Roedd gan *Troodon* a *Harpymimus* ddannedd bach i dorri ysglyfaeth lai. Doedd dim dannedd gan *Avimimus* ac *Oviraptor* ond gallen nhw falu wyau neu chwilod â'u safnau cryf fel pigau.**

Tyrannosaurus

Allosaurus

Troodon

Avimimus

Oviraptor

Dilophosaurus

Harpymimus

▶ Mae'r ffosil enwog hwn, a ddarganfuwyd yn y 1960au gan dîm o wyddonwyr o wlad Pwyl, yn dangos cigysydd yn lladd. Roedd *Velociraptor* (ar y dde) yn berthynas agos i *Deinonychus*. Mae wedi bachu ei grafangau o dan ên *Protoceratops*. Wrth i'r ddau ddeinosor ymladd, daeth storm dywod a'u claddu.

Fel arfer rhaid i balaeontolegwyr ddyfalu sut roedd cigysyddion yn hela. Ond mewn safleoedd yn Montana a Wyoming, UDA, mae'n amlwg fod *Tenontosaurus* a sawl *Deinonychus* wedi marw gyda'i gilydd ar ôl ymrafael. Mae dannedd *Deinonychus* ar wasgar ar y safle'n dangos bod y cigysyddion bach hyn wedi bod yn cnoi'r llysysydd mawr.

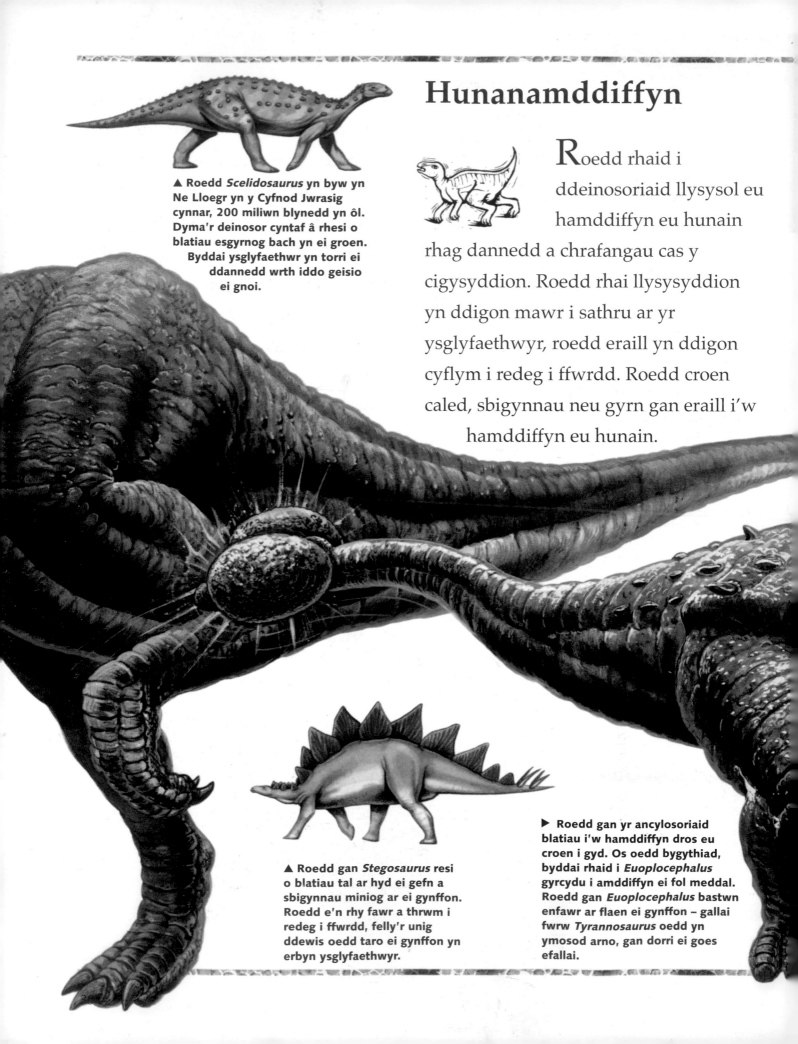

Hunanamddiffyn

▲ Roedd *Scelidosaurus* yn byw yn Ne Lloegr yn y Cyfnod Jwrasig cynnar, 200 miliwn blynedd yn ôl. Dyma'r deinosor cyntaf â rhesi o blatiau esgyrnog bach yn ei groen. Byddai ysglyfaethwr yn torri ei ddannedd wrth iddo geisio ei gnoi.

Roedd rhaid i ddeinosoriaid llysysol eu hamddiffyn eu hunain rhag dannedd a chrafangau cas y cigysyddion. Roedd rhai llysysyddion yn ddigon mawr i sathru ar yr ysglyfaethwyr, roedd eraill yn ddigon cyflym i redeg i ffwrdd. Roedd croen caled, sbigynnau neu gyrn gan eraill i'w hamddiffyn eu hunain.

▲ Roedd gan *Stegosaurus* resi o blatiau tal ar hyd ei gefn a sbigynnau miniog ar ei gynffon. Roedd e'n rhy fawr a thrwm i redeg i ffwrdd, felly'r unig ddewis oedd taro ei gynffon yn erbyn ysglyfaethwyr.

▶ Roedd gan yr ancylosoriaid blatiau i'w hamddiffyn dros eu croen i gyd. Os oedd bygythiad, byddai rhaid i *Euoplocephalus* gyrcydu i amddiffyn ei fol meddal. Roedd gan *Euoplocephalus* bastwn enfawr ar flaen ei gynffon – gallai fwrw *Tyrannosaurus* oedd yn ymosod arno, gan dorri ei goes efallai.

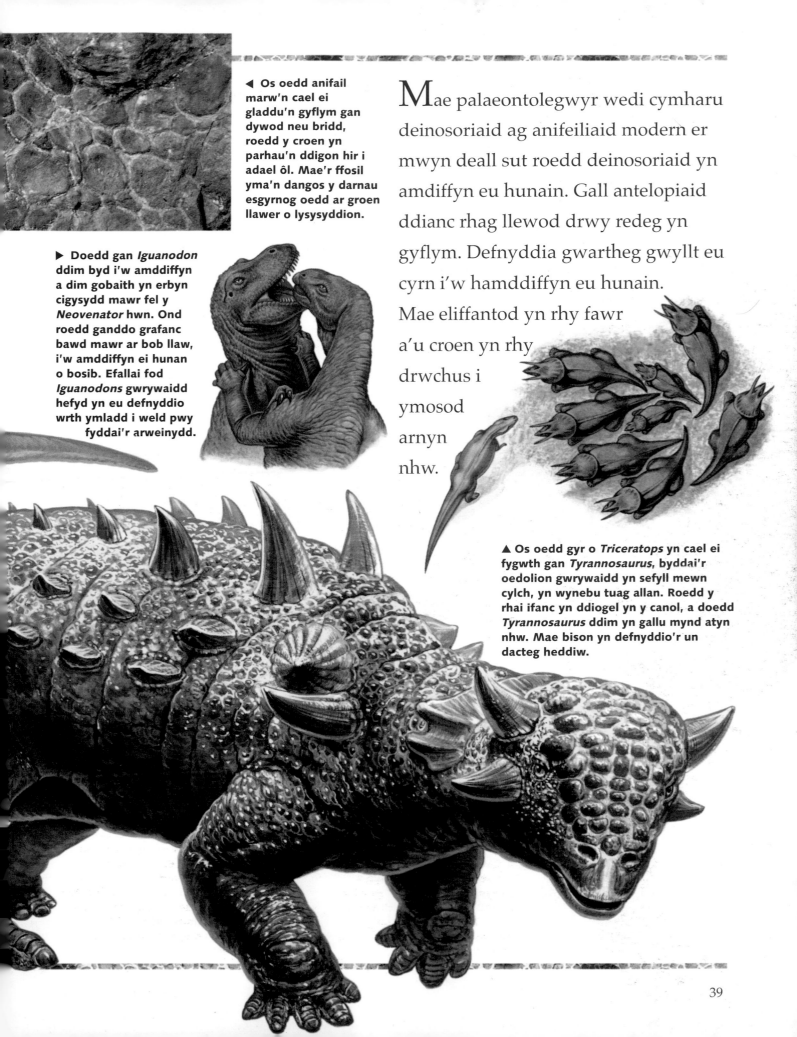

◀ Os oedd anifail marw'n cael ei gladdu'n gyflym gan dywod neu bridd, roedd y croen yn parhau'n ddigon hir i adael ôl. Mae'r ffosil yma'n dangos y darnau esgyrnog oedd ar groen llawer o lysysyddion.

Mae palaeontolegwyr wedi cymharu deinosoriaid ag anifeiliaid modern er mwyn deall sut roedd deinosoriaid yn amdiffyn eu hunain. Gall antelopiaid ddianc rhag llewod drwy redeg yn gyflym. Defnyddia gwartheg gwyllt eu cyrn i'w hamddiffyn eu hunain. Mae eliffantod yn rhy fawr a'u croen yn rhy drwchus i ymosod arnyn nhw.

▶ Doedd gan *Iguanodon* ddim byd i'w amddiffyn a dim gobaith yn erbyn cigysydd mawr fel y *Neovenator* hwn. Ond roedd ganddo grafanc bawd mawr ar bob llaw, i'w amddiffyn ei hunan o bosib. Efallai fod *Iguanodons* gwrywaidd hefyd yn eu defnyddio wrth ymladd i weld pwy fyddai'r arweinydd.

▲ Os oedd gyr o *Triceratops* yn cael ei fygwth gan *Tyrannosaurus*, byddai'r oedolion gwrywaidd yn sefyll mewn cylch, yn wynebu tuag allan. Roedd y rhai ifanc yn ddiogel yn y canol, a doedd *Tyrannosaurus* ddim yn gallu mynd atyn nhw. Mae bison yn defnyddio'r un dacteg heddiw.

Gwaed oer?

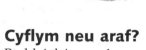

A oedd deinosoriaid yn anifeiliaid â gwaed cynnes fel adar a mamaliaid, yn defnyddio egni bwyd i'w cadw'n gynnes? Neu ai gwaed oer oedd ganddyn nhw, fel ymlusgiaid modern, sy'n gorwedd yn yr haul ond yn methu rheoli tymheredd y corff? Does dim ateb pendant, ond efallai fod deinosoriaid rywle yn y canol.

Cyflym neu araf?

Byddai deinosor â gwaed cynnes wedi symud yn gynt nag un â gwaed oer. Felly a fyddai *Tyrannosaurus* yn rhedeg ar ôl ei ysglyfaeth, neu'n bwydo drwy garthysu ar anifeiliaid oedd wedi marw'n ddamweiniol neu o henaint?

▶ Yn y cyfnod Cretasig roedd Awstralia'n agos i Begwn rhewllyd y De. Ond roedd yr iguanodon *Muttaburrasaurus* mawr yn byw yno, ac yn Dinosaur Cove mae ffosiliau *Leaellynasaura*, ornithopod bach, wedi dod i'r golwg.

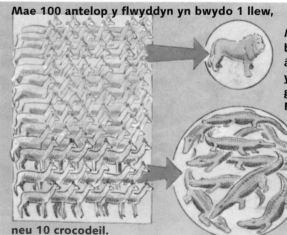

Mae 100 antelop y flwyddyn yn bwydo 1 llew,

neu 10 crocodeil.

Mae anifail â gwaed cynnes yn bwyta 10 gwaith cymaint ag un â gwaed oer. Mae'r bwyd ychwanegol yn rhoi egni a gwres i gadw'r corff yn gynnes. Felly mae gwyddonwyr yn astudio faint roedd y deinosoriaid yn ei fwyta.

Gwelwyd deinosoriaid ger Pegynnau'r Gogledd a'r De. Mae palaeontolegwyr yn awgrymu bod hyn yn profi bod gwaed cynnes gan ddeinosoriaid, er mwyn byw drwy'r oerfel a'r eira. Ond nawr rydyn ni'n credu mai gwaed oer oedd gan y deinosoriaid mwy. Oherwydd eu bod nhw mor fawr, roedd tymheredd eu corff yn aros yn weddol gyson hyd yn oed yn yr oerfel. Efallai mai gwaed oer oedd gan rai cigysyddion llai hefyd.

Mae ymchwil ddiweddar yn dangos bod tyllau mewn rhai esgyrn sy'n dangos eu bod nhw'n tyfu drwy'r amser (rhan uchaf y ffotograff o dan y microsgop) – fel anifeiliaid â gwaed cynnes. Roedd esgyrn eraill yn amlwg yn tyfu bob haf yn unig (y bandiau ar waelod y ffotograff hwn) fel anifeiliaid â gwaed oer. Sut gall esgyrn un deinosor ddangos y ddau beth?

Tystiolaeth y trwyn

Yn eu trwynau, mae gan famaliaid ac adar haenau tenau o asgwrn a chroen llaith yn eu gorchuddio. Mae'r cogyrnau hyn yn atal gwres rhag cael ei golli wrth i'r anifail anadlu allan. Does dim cogyrnau gan anifeiliaid â gwaed oer achos dydyn nhw ddim yn rheoli tymheredd y corff yn gaeth. Yn 1995 gwelwyd nad oedd cogyrnau gan ddeinosoriaid chwaith. Mae'r ddadl yn parhau!

cogyrnau

penglog ci

41

CYMDOGION Y DEINOSORIAID

 Deinosoriaid oedd yr anifeiliaid mwyaf llwyddiannus ar y tir am 140 miliwn blynedd. Ond wrth i'r cyfnod Cretasig fynd rhagddo, roedd rhaid iddyn nhw gystadlu â chreaduriaid bach eraill oedd yn rhannu'r un cynefin. Dechreuodd mamaliaid ffynnu, a chododd creaduriaid ag adenydd i'r awyr am y tro cyntaf –gwyfynod a gwenyn, gweision y neidr a'r adar cyntaf erioed. Byddai rhai o'r rhywogaethau hyn yn goroesi'r deinosoriaid.

mamal cynnar

rhedyn

gwas y neidr

crwban

Hypsilophodon

▶ Mae pob math o bryfed yn cael eu cadw mewn ambr, resin wedi'i ffosileiddio oedd unwaith yn sug coed. Yn aml, mae coesau, adenydd a theimlyddion y pryfed i'w gweld, a phatrwm eu lliwiau hyd yn oed. Mae ffosiliau newydd yn dod i'r golwg o hyd. Yn 1998, gwelwyd y morgrug hynaf, 92 miliwn o flynyddoedd oed, yn New Jersey, UDA.

▶ Yn ardal Wealden yn ne-ddwyrain Lloegr 125 miliwn blynedd yn ôl, roedd crocodeiliaid a chrwbanod yn nofio yn yr afonydd, gwybed yn heidio, a pterosoriaid yn hedfan. Roedd llawer o farchrawn, rhedyn, conwydd a'r planhigion blodeuol cyntaf yn tyfu.

Pterosor

adar cynnar

Ornithocheirus

Conwydd

Baronyx 'Crafanc Drom'

pysgod

Iguanodon

marchrawn

broga

43

Pwy sydd ar ôl?

O'r tri grŵp o ymlusgiaid morol yn y llun, dim ond crwbanod y môr sy'n dal yn fyw. Roedd pedwerydd grŵp: plesiosoriaid gwddw hir. Ond yn ôl y chwedl, dim ond un sydd wedi goroesi, disgynnydd plesiosor a fethodd ddianc o Loch Ness pan giliodd y moroedd filiynau o flynyddoedd yn ôl!

▶ Roedd Mosasoriaid yn hela pysgod a physgod cregyn yn y cyfnod Cretasig Diweddar. Roedd *Platecarpus* dros 4 metr o hyd, ac yn debycach i ddolffin mawr na madfall. Roedd yn nofio drwy guro'i gynffon o ochr i ochr. Llywio'n unig oedd gwaith y rhodlenni.

▶ Crwban môr mawr gyda chragen 3 metr o hyd oedd *Archelon*. Roedd yn defnyddio ei rodlenni blaen enfawr i 'hedfan' o dan y dŵr, gan eu curo i fyny ac i lawr fel adenydd aderyn. Mae'n debyg y gallai deithio hyd at 10 i 15 cilometr yr awr.

▲ Roedd *Ichthyosaurus* hefyd yn nofio drwy guro'i gynffon o ochr i ochr. Mae'r rhain yn dod o ddechrau'r cyfnod Mesosöig, ac roedden nhw'n gyffredin yn holl foroedd y byd erbyn y cyfnod Jwrasig. Roedd pob maint, o 1 i 10 metr. Fel dolffiniaid a mamaliaid eraill y môr, roedd yr ymlusgiaid yma'n geni rhai bach byw yn y môr.

She sells seashells

Daw'r cwlwm tafod Saesneg yma o bennill am Mary Anning, deliwr ffosiliau enwog. Ar ddechrau'r 19eg ganrif, daeth o hyd i ysgerbydau ichthyosoriaid a phlesiosoriaid ar lan y môr yn Lyme Regis yn Dorset. Dyma'r ymlusgiaid morol enfawr cyntaf i ddod i'r golwg, a gwerthodd hi nhw am arian mawr.

Yn y môr . . .

Nid deinosoriaid oedd yr unig ymlusgiaid mawr yn y cyfnod Mesosöig. Roedd amrywiaeth o ymlusgiaid morol i'w cael, yn hela'i gilydd a physgod. Roedd y mosasoriaid a'r plesiosoriaid mwyaf dros ddeg metr o hyd, maint morfil ffyrnig. Bu'r cyfan farw 65 miliwn o flynyddoedd yn ôl – heblaw am grwbanod y môr, sydd wedi goroesi hyd y dydd heddiw.

. . . ac yn yr awyr

Dechreuodd anifeiliaid hedfan adeg cyfnod y deinosoriaid. Y rhai mwyaf llwyddiannus oedd y pterosawrau, ymlusgiaid ag adenydd, ond heb fod yn perthyn i adar. Buon nhw'n byw wrth ochr y deinosoriaid am 165 miliwn blynedd.

▼ Roedd adenydd pterosawr o groen fel lledr. Roedden nhw'n ymestyn y tu ôl i ddarn esgyrnog hir o asgwrn bob braich, a phedwerydd bys hir oedd yn cyrraedd blaen yr adenydd. Roedd yr adenydd hir a thenau, fel rhai gwylan neu albatros, yn siâp delfrydol i hofran.

Roedden nhw'n defnyddio'r awyr oedd yn llifo i fyny o flaen clogwyni i godi ac yna gallent hofran dros bellter gan guro'u hadenydd o dro i dro.

▲ Mae rhai o'r ffosiliau pterosor mwyaf rhyfeddol yn dod o garreg galch Soinhofen yn ne'r Almaen. Roedd cynffon hir er mwyn llywio gan rai, fel *Rhamphorhynchus*. Cynffon byr oedd gan eraill, fel *Pterodactylus*.

Pa mor fawr oedden nhw?

Am gyfnod, *Peranodon* oedd y mwyaf, gyda lled ei adenydd yn 7 metr. Yn y 1970au, daeth pterosawr mwy eto i'r golwg yn Texas, UDA, sef *Quetzalocoatlus*. Roedd lled ei adenydd yn 12 i 14 metr. Mae hynny'n fwy na barcut mawr.

Quetzalcoatlus

Pteranodon

Ornithocheirus

Rhamphorhynchus

Adar a mamaliaid

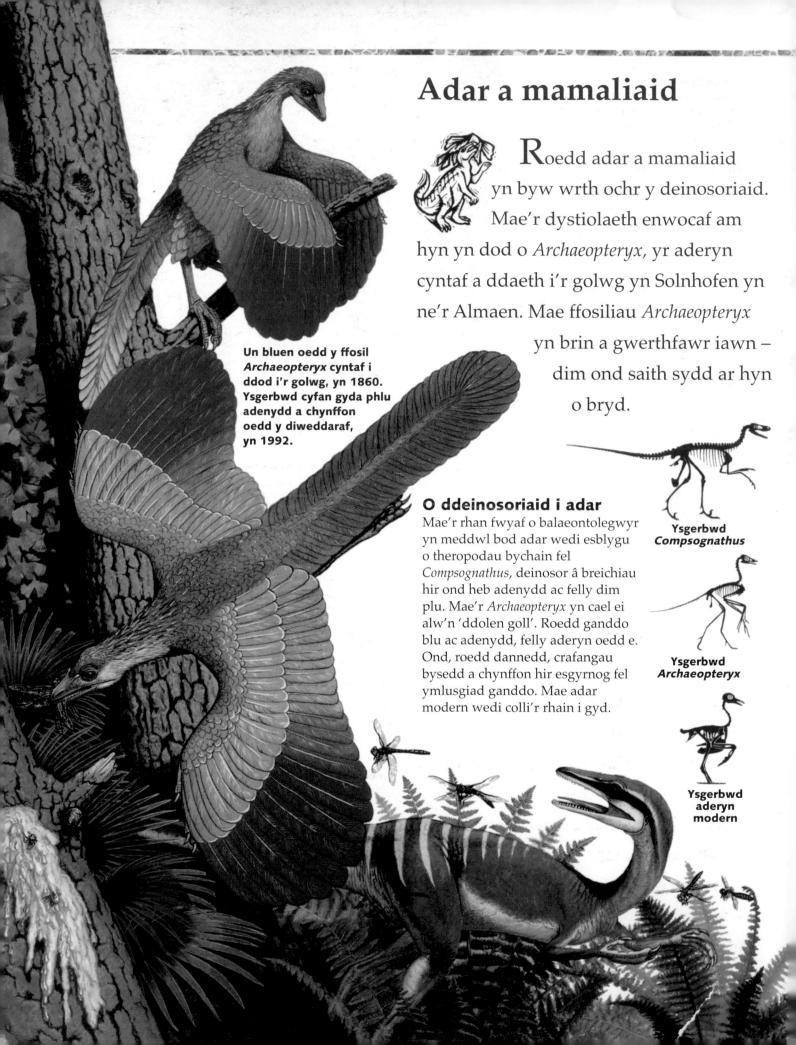

Roedd adar a mamaliaid yn byw wrth ochr y deinosoriaid. Mae'r dystiolaeth enwocaf am hyn yn dod o *Archaeopteryx*, yr aderyn cyntaf a ddaeth i'r golwg yn Solnhofen yn ne'r Almaen. Mae ffosiliau *Archaeopteryx* yn brin a gwerthfawr iawn – dim ond saith sydd ar hyn o bryd.

Un bluen oedd y ffosil *Archaeopteryx* cyntaf i ddod i'r golwg, yn 1860. Ysgerbwd cyfan gyda phlu adenydd a chynffon oedd y diweddaraf, yn 1992.

O ddeinosoriaid i adar

Mae'r rhan fwyaf o balaeontolegwyr yn meddwl bod adar wedi esblygu o theropodau bychain fel *Compsognathus*, deinosor â breichiau hir ond heb adenydd ac felly dim plu. Mae'r *Archaeopteryx* yn cael ei alw'n 'ddolen goll'. Roedd ganddo blu ac adenydd, felly aderyn oedd e. Ond, roedd dannedd, crafangau bysedd a chynffon hir esgyrnog fel ymlusgiad ganddo. Mae adar modern wedi colli'r rhain i gyd.

Ysgerbwd *Compsognathus*

Ysgerbwd *Archaeopteryx*

Ysgerbwd aderyn modern

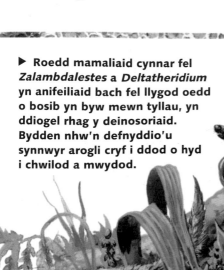

▶ Roedd mamaliaid cynnar fel *Zalambdalestes* a *Deltatheridium* yn anifeiliaid bach fel llygod oedd o bosib yn byw mewn tyllau, yn ddiogel rhag y deinosoriaid. Bydden nhw'n defnyddio'u synnwyr arogli cryf i ddod o hyd i chwilod a mwydod.

Y mamaliaid cyntaf

Roedd y mamaliaid cyntaf yn byw ar yr un adeg â'r deinosoriaid cyntaf, ond ychydig iawn o'r ffosiliau pitw sydd. Esblygon nhw o ymlusgiaid tebyg i famaliaid yn y cyfnod Triasig diweddar, ryw 225 miliwn blynedd yn ôl. Ond roedd y deinosoriaid yn fwy, ac oherwydd bod cymaint ohonyn nhw, doedd y mamaliaid ddim yn gallu ffynnu.

Yn wahanol i'r deinosoriaid, mae mamaliaid yn hynod lwyddiannus heddiw. Maen nhw'n anifeiliaid â gwaed cynnes a blew drostyn nhw, felly gallan nhw hela liw nos a byw mewn mannau oer. Mae mamaliaid hefyd yn fwy deallus nag ymlusgiaid. Maen nhw'n gofalu am eu rhai bach am fwy o amser nag anifeiliaid eraill, ac yn eu bwydo â'u llaeth eu hunain. Mae dannedd gwahanol gan famaliaid gwahanol. Dyma pam maen nhw'n llwyddiannus – fel grŵp, gallan nhw fwydo ar amrywiaeth fawr o fwyd.

Penglog *Zalambdalestes*

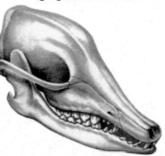

Penglog *Megazostrodon*

Penglogau a dannedd

Roedd gan famaliaid cynnar fel *Zalambdalestes* a *Megazostrodon* ymennydd mawr oedd yn llenwi cefn y penglog – yn wahanol i benglog ymlusgiad, sydd â chas ymennydd bach. Hefyd roedd dannedd miniog bach gan famaliaid i drywanu pryfed. Yng nghefn y geg roedd dannedd llydan ganddyn nhw i falu bwyd yn fân. Felly roedden nhw'n treulio bwyd yn well gan roi mwy o egni i'r ymennydd a'r corff.

Y DIWEDD

 Ysgerbwd yn Hell Creek, Montana, UDA, yw'r cyfan sydd ar ôl o *Tyrannosaurus*. Hyd yn oed heddiw, 65 miliwn blynedd yn ddiweddarach, does neb yn siŵr pam ddiflannodd grŵp mawr mor llwyddiannus o anifeiliaid? Mae cannoedd o wyddonwyr wedi astudio'r cwestiwn. Efallai i feteoryn enfawr daro'r Ddaear ac i gymylau llwch anferth ac oerfel difrifol ladd y deinosoriaid. Efallai iddyn nhw farw dros gyfnod hirach, ar ôl i'r hinsawdd newid yn raddol. Efallai fod mwy nag un esboniad . . .

◄ Roedd gwyddonwyr yn arfer canolbwyntio ar anifeiliaid a phlanhigion eraill y cyfnod wrth geisio egluro difodiant y deinosoriaid. Efallai i'r mamaliaid fwyta wyau'r deinosoriaid i gyd, neu oedd y planhigion blodeuol newydd yn wenwynig? Efallai fod y deinosoriaid yn ddigon twp i redeg i mewn i goed, neu i'w cefnau ddioddef wrth iddyn nhw fynd yn rhy drwm? Mae'r syniadau yma'n dipyn o hwyl, dyna'i gyd.

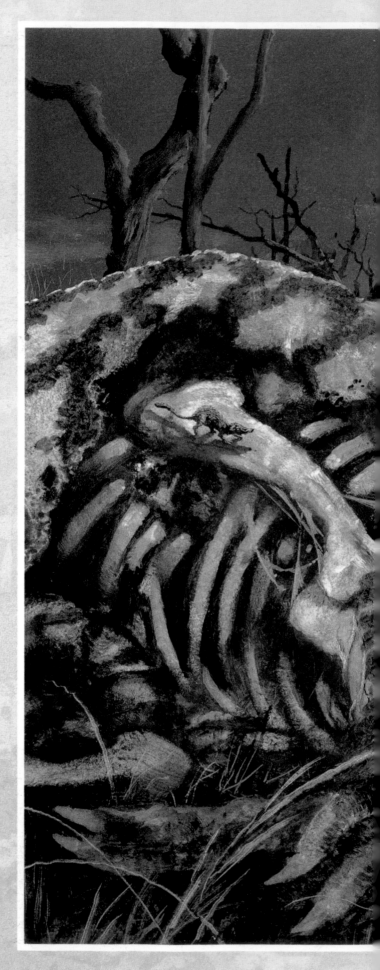

Y Cyfnod Diflannu?

Addiflannodd y deinosoriaid dros filiynau o flynyddoedd, neu dros nos? Mae astudiaethau'n dangos iddyn nhw ddiflannu'n raddol mewn rhai mannau, ond yn fwy sydyn mewn mannau eraill. Mae anifeiliaid eraill a ddiflannodd yn cynnwys y pterosoriaid, ymlusgiaid morol a chreaduriaid eraill y môr. Rhaid i ddamcaniaeth difodiant ystyried y ffaith fod y rhan fwyaf o blanhigion ac anifeiliaid eraill wedi goroesi.

Newid hinsawdd

Yn ystod y cyfnod Cretasig diweddar, aeth yr hinsawdd yng Ngogledd America'n oerach ac yn fwy tymhorol. Newidiodd y planhigion yn fawr – diflannodd planhigion trofannol a daeth planhigion hinsawdd oer yn eu lle. Mae'n debyg i'r deinosoriaid symud ymhellach i'r de o hyd, a daeth mamaliaid â gwaed cynnes yn eu lle yng nghoedwigoedd conwydd yr hinsawdd oer newydd.

Ar ôl awgrymu damcaniaeth yr ardrawiad, bu gwyddonwyr yn chwilio am y crater. Lle roedd y meteoryn wedi glanio? Yn 1991 daeth newyddion cyffrous; roedd olion crater enfawr yn Chicxulub yn ne Mecsico, gyda rhan ar y tir a rhan arall ar wely'r môr. Roedd wedi'i gladdu'n ddwfn o dan greigiau wedi'u dyddodi dros y 65 miliwn blynedd diwethaf, ond roedd ei siâp yn dod i'r golwg wrth fesur y tir. Gwnaeth daearegwyr dyllau turio 500 metr o ddyfnder i ganol y crater a dod o hyd i dystiolaeth o'r tymheredd a'r gwasgedd uchel sy'n digwydd pan fydd meteoryn yn taro cramen y Ddaear.

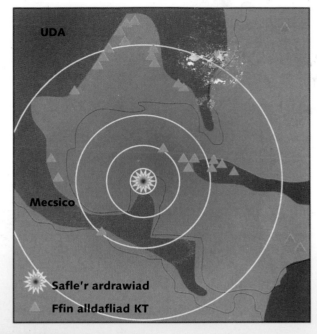

UDA
Mecsico
★ Safle'r ardrawiad
▲ Ffin alldafliad KT

Dod o hyd i safle'r crater

Yn y 1980au, daeth daearegwyr o hyd i dair set o gliwiau. Yn gyntaf sylwon nhw fod haenau'r ffin alldafliad KT yn llawer mwy trwchus yn y Caribî na mannau eraill yn y byd. Yna sylwon nhw ar ddilyniannau rhyfedd o greigiau ar hyd yr arfordir, yn cynnwys blociau enfawr o graig hŷn, wedi'u gadael yno gan sawl tsunami. Yn olaf, yn 1991, ar ôl astudio tyllau turio'n ofalus, daeth i'r amlwg lle roedd y crater – Chicxulub, México.

▼ Roedd darganfod iridiwm yn y ffin KT yn yr Eidal a Denmarc yn allweddol wrth brofi'r ddamcaniaeth ardrawiad. Metel prin yw iridiwm sy'n dod o'r gofod mewn meteorau. Nawr mae wedi cael ei ddarganfod ledled y byd, sy'n dangos bod cwmwl o lwch wedi mynd i bedwar ban y byd, gan wasgaru iridiwm. Mae'n debyg mai meteoryn oedd yn gyfrifol am ddifodiant y deinosoriaid.

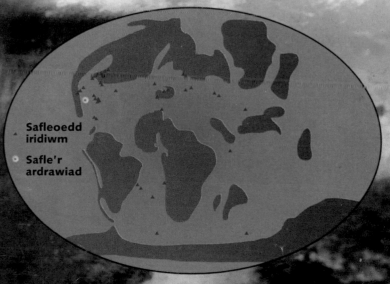

○ Safleoedd iridiwm
⊙ Safle'r ardrawiad

Pryd dechreuodd 'dinomania'?

Yn 1824 cyhoeddodd y naturiaethwr William Buckland o Loegr yr adroddiad gwyddonol cyntaf am ddeinosor, *Megalosaurus*. Y flwyddyn ganlynol disgrifiodd Gideon Mantell ddannedd ac esgyrn *Iguanodon*. Yn y cyfamser, ym Mharis, cynhyrchodd Georges Cuvier ail-luniad o anifeiliaid diflanedig drwy gyfateb eu hysgerbydau â rhai rhywogaethau byw.

◄ Mae modelau Owen a Hawkins yn dal i lechu rhwng y llwyni yn nhir canolfan arddangos Crystal Palace yn Llundain.

▼ Mae'r cerfluniau yma o ddeinosoriaid yn synnu gyrwyr lorïau yn Banning, California.

▲ Yn 1854, gwahoddodd yr heliwr ffosiliau Richard Owen a'r cerflunydd Waterhouse Hawkins 20 gwyddonydd i gael cinio yn eu model maint llawn o *Iguanodon*.

Roedd Owen a Hawkins yn ail-greu llond sw o anifeiliaid cyn hanesyddol i'r Great Exhibition pan symudodd o Hyde Park i Crystal Palace, Llundain.

Deinosoriaid am byth!

Chwe deg miliwn blynedd ar ôl eu difodiant, daeth deinosoriaid yn ôl. Pan ddaeth eu hesgyrn i'r golwg am y tro cyntaf, roedd pobl yn meddwl mai esgyrn pobl enfawr o oes y Beibl, neu rai eliffantod oedden nhw. Yn 1842, cyhoeddodd Richard Owen eu bod mewn gwirionedd yn perthyn i grŵp o anifeiliaid diflanedig roedd e'n eu galw'n Dinosauria ('madfallod ofnadwy').

Newyddion mawr

Oherwydd gwaith Cuvier, Buckland, Mantell ac Owen, lledodd 'dinomania' fel tân gwyllt ar draws Ewrop a'r Unol Daleithiau. Bu dau gasglwr esgyrn, Edward Cope ac Othniel Marsh, yn cystadlu i ddod o hyd i rywogaethau newydd yng nghanolbarth America. Roedd sôn am bob darganfyddiad newydd yn y papurau newydd ac roedd arddangosfeydd mewn amgueddfeydd yn denu tyrfaoedd mawr. Erbyn diwedd y 19eg ganrif, roedd pawb wedi clywed am ddeinosoriaid.

▼ Cyn hir roedd deinosoriaid wedi symud o'r byd gwyddonol i ffuglen wyddonol. Daeth *Lost World* gan Syr Arthur Conan yn llyfr poblogaidd (1912) ac yn ffilm fud (1925).

Roedd yr arddangosfeydd cynnar yn dangos angenfilod trwsgl ac anneallus. Daeth modelau clai i'r sgrin arian i godi ofn ar bawb. Erbyn hyn rydyn ni'n gwybod cymaint am anatomi ac ymddygiad deinosoriaid fel eu bod nhw'n ymddangos yn union fel anifeiliaid modern. Mae ffilmiau ag effeithiau arbennig syfrdanol yn golygu bod deinosoriaid yn rheoli'r byd unwaith eto.

▶ *Y Flintstones* – y teulu enwocaf o Oes y Cerrig. Daethon nhw'n enwog yn y 1960au, mewn sioe gartwnau ar deledu America. Roedd comic hyd yn oed gan eu deinosor anwes nhw, Dino. Fel y rhan fwyaf o'r deinosoriaid ar y dudalen hon, mae Dino'n anghywir yn wyddonol, ond yn dipyn o hwyl.

◀ *Triceratops* yn ceisio taflu ei farchog yn Drumheller, Canada.

▼ *Barney*'r Deinosor yng Ngorymdaith Dydd Diolchgarwch yn Efrog Newydd.

▼▼ Mae'r cigysyddion mwyaf erioed yn flasus iawn.

◀ Yn *King Kong versus Godzilla* (1962) mae angenfilod mwyaf poblogaidd ffuglen wyddonol yn dod wyneb yn wyneb. Epa anferthol yw King Kong (o leiaf 20 metr o daldra) yn creu llanast yn Efrog Newydd. Deinosor fel draig enfawr yw Godzilla. Cafodd Godzilla ei greu yn Japan yn 1954, ac mae'n codi o'r môr mewn dwsinau o ffilmiau.

◀ Yn 1993, torrodd ffilm Steven Spielberg *Jurassic Park* bob record gwerthu tocynnau sinema. Mae wedi'i seilio ar nofel gan Michael Crichton, ac yn adrodd stori gwyddonydd sy'n creu deinosor o DNA a dynnwyd o fosgito oedd wedi cnoi deinosor ac wedi'i gadw mewn ambr. Mae gwyddonwyr yn dweud na all hyn byth ddigwydd. Ond mae'r deinosoriaid sy'n llamu ar draws y sgrin yn edrych ac yn swnio'n frawychus o fyw!

Pob deinosor o dan haul

Coeden achau

Mae coeden achau'r deinosoriaid yn dangos sut mae'r saith brif grŵp yn perthyn i'w gilydd. Ar ôl y dechrau, 230 miliwn blynedd yn ôl, rhannodd y deinosoriaid yn sawl grŵp. Mae gan y rhywogaethau ym mhob grŵp benglog ac ysgerbwd tebyg i'w gilydd.

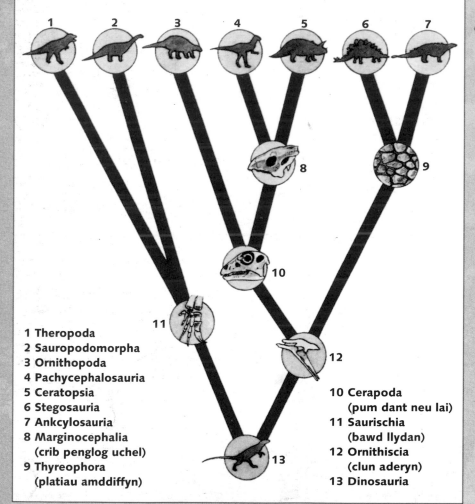

1 Theropoda
2 Sauropodomorpha
3 Ornithopoda
4 Pachycephalosauria
5 Ceratopsia
6 Stegosauria
7 Ankcylosauria
8 Marginocephalia
   (crib penglog uchel)
9 Thyreophora
   (platiau amddiffyn)

10 Cerapoda
    (pum dant neu lai)
11 Saurischia
    (bawd llydan)
12 Ornithiscia
    (clun aderyn)
13 Dinosauria

Afrovenator A-FFRO-FEN-A-TOR
DOSBARTHIAD: Theropoda
PRYD A BLE: Gogledd Affrica; Cyfnod Cretasig Cynnar
PERTHNASAU AGOSAF: *Allosaurus, Megalosaurus*
ENWYD GAN: Paul Sereno, 1995
NODWEDDION: Cigysydd, dwy goes, tua 10 m o hyd

Allosaurus A-LO-SO-RYS
DOSBARTHIAD: Theropoda
PRYD A BLE: Gogledd America; Cyfnod Jwrasig Diweddar
PERTHNASAU AGOSAF: *Afrovenator, Megalosaurus*
ENWYD GAN: Othniel Marsh, 1877
NODWEDDION: Cigysydd, dwy goes, tua 12 m o hyd

Apatosaurus A-PAT-O-SO-RYS
DOSBARTHIAD: Sauropoda
PRYD A BLE: Gorllewin Canol Gogledd America; Cyfnod Jwrasig Diweddar
PERTHNASAU AGOSAF: *Barosaurus, Brachiosaurus, Cetiosaurus, Diplodocus, Saltasaurus*
ENWYD GAN: Othniel Marsh, 1877
NODWEDDION: Llysysydd, pedair coes, tua 21 m o hyd

Apatosaurus

Avimimus A-FI-MIMI-MYS
DOSBARTHIAD: Theropoda
PRYD A BLE: Mongolia, Canolbarth Asia; Cyfnod Cretasig Diweddar
PERTHNASAU AGOSAF: ?*Struthiomimus*
ENWYD GAN: Sergey Kurzanov, 1981
NODWEDDION: Cigysydd, dwy goes, tua 1.5 m o hyd

Barosaurus BA-RO-SO-RYS
DOSBARTHIAD: Sauropoda
PRYD A BLE: Gorllewin Canol Gogledd America a Tanzania, Dwyrain Affrica; Cyfnod Jwrasig Diweddar
PERTHNASAU AGOSAF: *Apatosaurus, Brachiosaurus, Cetiosaurus, Diplodocus, Saltasaurus*
ENWYD GAN: Othniel Marsh, 1890
NODWEDDION: Llysysydd, pedair coes, tua 25 m o hyd

Brachiosaurus BRAC-I-O-SO-RYS
DOSBARTHIAD: Sauropoda
PRYD A BLE: Gorllewin Canol Gogledd America a Tanzania, Dwyrain Affrica; Cyfnod Jwrasig Diweddar

Afrovenator

PERTHNASAU AGOSAF: *Apatosaurus, Barosaurus, Cetiosaurus, Diplodocus, Saltasaurus*
ENWYD GAN: Elmer Riggs, 1903
NODWEDDION: Llysysydd, pedair coes, tua 22 m o hyd

Ceratosaurus *SER-A-TO-SO-RYS*
DOSBARTHIAD: Theropoda
PRYD A BLE: Gorllewin Canol Gogledd America; Cyfnod Jwrasig Diweddar
PERTHNASAU AGOSAF: *Coelophysis, Dilophosaurus*
ENWYD GAN: Othniel Marsh, 1884
NODWEDDION: Cigysydd, dwy goes, tua 6 m o hyd

Cetiosaurus *SI-TI-O-SO-RYS*
DOSBARTHIAD: Sauropoda
PRYD A BLE: Ewrop; Cyfnod Jwrasig Canol
PERTHNASAU AGOSAF: *Apatosaurus, Barosaurus, Brachiosaurus, Diplodocus, Saltasaurus*
ENWYD GAN: Richard Owen, 1842
NODWEDDION: Llysysydd, pedair coes, 14-18 m o hyd

Coelophysis *SI-LO-FFY-SIS*
DOSBARTHIAD: Theropoda
PRYD A BLE: Mecsico Newydd, UDA; Cyfnod Triasig Diweddar
PERTHNASAU AGOSAF: *Ceratosaurus, Dilophosaurus*
ENWYD GAN: Edward Cope, 1889
NODWEDDION: Cigysydd, dwy goes, tua 3 m o hyd

Compsognathus *COMP-SOG-NATH-YS*
DOSBARTHIAD: Theropoda
PRYD A BLE: Yr Almaen; Cyfnod Jwrasig Diweddar
PERTHNASAU AGOSAF: *Deinonychus, Velociraptor*
ENWYD GAN: Andreas Wagner, 1859
NODWEDDION: Cigysydd, dwy goes, 1.4 m o hyd

Deinonychus *DAI-NO-NAIC-YS*
DOSBARTHIAD: Theropoda
PRYD A BLE: Montana a Wyoming, UDA; Cyfnod Cretasig Cynnar

PERTHNASAU AGOSAF: *Compsognathus, Velociraptor*
ENWYD GAN: John Ostrom, 1969
NODWEDDION: Cigysydd, dwy goes, tua 3 m o hyd

Dilophosaurus *DI-LOFF-O-SO-RYS*
DOSBARTHIAD: Theropoda
PRYD A BLE: Gogledd America; Cyfnod Jwrasig Cynnar
PERTHNASAU AGOSAF: *Ceratosaurus, Coelophysis*
ENWYD GAN: Sam Welles, 1970
NODWEDDION: Cigysydd, dwy goes, tua 6 m o hyd

Diplodocus *DI-PLOD-O-CYS*
DOSBARTHIAD: Sauropoda
PRYD A BLE: Gogledd Affrica; Cyfnod Cretasig Cynnar
PERTHNASAU AGOSAF: *Allosaurus, Megalosaurus*
ENWYD GAN: Paul Sereno, 1995
NODWEDDION: Cigysydd, dwy goes, tua 10 m o hyd

Eoraptor *I-O-RAP-TOR*
DOSBARTHIAD: Theropoda
PRYD A BLE: Yr Ariannin; Cyfnod Triasig Diweddar
PERTHNASAU AGOSAF: *Herrerasaurus*
ENWYD GAN: Paul Sereno, 1993
NODWEDDION: Cigysydd, dwy goes, tua 1 m o hyd

Euoplocephalus

Euoplocephalus *IW-OP-LO-SEFF-A-LYS*
DOSBARTHIAD: Akylosauria
PRYD A BLE: Gorllewin Canol Gogledd America; Cyfnod Cretasig Diweddar
PERTHNASAU AGOSAF: *Scelidosaurus*
ENWYD GAN: Lawrence Lambe, 1910
NODWEDDION: Llysysydd, pedair coes, tua 6 m o hyd

Heterodontosaurus *HET-ER-O-DON-TO-SO-RYS*
DOSBARTHIAD: Ornithopod
PRYD A BLE: De Affrica; Cyfnod Jwrasig Cynnar
PERTHNASAU AGOSAF: *Hypsilophodon, Iguanodon, Leaellynasaura*
ENWYD GAN: A W Crompton ac Alan Charig, 1962
NODWEDDION: Llysysydd, dwy goes, 1.2 m o hyd

Heterodontosaurus

Hypsilophodon *HIP-SI-LOFF-O-DON*
DOSBARTHIAD: Ornithopod
PRYD A BLE: Lloegr; Cyfnod Cretasig Cynnar
PERTHNASAU AGOSAF: *Iguanodon, Leaellynasaura, Muttaburrasaurus, Tenontosaurus*
ENWYD GAN: Thomas Hyxley, 1870
NODWEDDION: Llysysydd, dwy goes, tua 2 m o hyd

Iguanodon *IG-WA-NO-DON*
DOSBARTHIAD: Ornithopod
PRYD A BLE: Lloegr; Cyfnod Cretasig Cynnar
PERTHNASAU AGOSAF: *Heterodontosaurus, Hypsilophodon, Leaellynasaura,Muttaburrasaurus*
ENWYD GAN: Gideon Mantell, 1825
NODWEDDION: Llysysydd, dwy goes, tua 10 m o hyd

Leaellynasaura *LI-EL-IN-A-SO-RA*
DOSBARTHIAD: Ornithopod
PRYD A BLE: Awstralia; Cyfnod Cretasig Cynnar
PERTHNASAU AGOSAF: *Heterodontosaurus, Hypsilophodon, Iguanodon, Muttaburrasaurus*
ENWYD GAN: Tom a Pat Rich, 1989
NODWEDDION: Llysysydd, dwy goes, tua 2 m o hyd

Lexovisaurus *LECS-O-FI-SO-RYS*
DOSBARTHIAD: Stegosaur
PRYD A BLE: Ewrop; Cyfnod Jwrasig
  Canol
PERTHNASAU AGOSAF: *Scelidosaurus,
  Stegosaurus*
ENWYD GAN: Robert Hoffstetter, 1957
NODWEDDION: Llysysydd, pedair
  coes, tua 5 m o hyd

Lufengosaurus

Lufengosaurus *LW-FFENG-GO-
  SO-RYS*
DOSBARTHIAD: Prosauropod
PRYD A BLE: China; Cyfnod Jwrasig
  Cynnar
PERTHNASAU AGOSAF:
  Massospondylus, Plateosaurus
ENWYD GAN: CC Young, 1941
NODWEDDION: Llysysydd, dwy neu
  bedair coes, tua 6 m o hyd

Maiasaura *MAI-A-SO-RA*
DOSBARTHIAD: Ornithopod
PRYD A BLE: Gorllewin Canol Gogledd
  America; Cyfnod Cretasig Diweddar
PERTHNASAU AGOSAF:
  Parasaurolophus, Saurolophus
ENWYD GAN: Jack Horner a Robert
  Makela, 1979
NODWEDDION: Llysysydd, dwy goes,
  dim crib, tua 9 m o hyd

Massospondylus *MAS-O-
  SPON-DI-LYS*
DOSBARTHIAD: Prosauropod
PRYD A BLE: De Affrica; Cyfnod
  Jwrasig Cynnar
PERTHNASAU AGOSAF:
  Lufengosaurus, Plateosaurus
ENWYD GAN: Richard Owen, 1854
NODWEDDION: Llysysydd, dwy neu
  bedair coes, tua 4 m o hyd

Megalosaurus *MEG-A-LO-SO-RYS*
DOSBARTHIAD: Theropoda

PRYD A BLE: Ewrop; Cyfnod Cretasig
  Canol
PERTHNASAU AGOSAF: *Afrovenator,
  Allosaurus,*
ENWYD GAN: William Buckland, 1824
NODWEDDION: Cigysydd, dwy goes,
  tua 9 m o hyd

Muttaburrasaurus *MW-TA-
  BYR-A-SO-RYS*
DOSBARTHIAD: Ornithopod
PRYD A BLE: Awstralia; Cyfnod
  Cretasig Cynnar
PERTHNASAU AGOSAF:
  *Hypsilophodon, Iguanodon,
  Leaellynasaura, Tenontosaurus*
ENWYD GAN: A Bartholomai a Ralph
  Molnar, 1981
NODWEDDION: Llysysydd, dwy goes,
  tua 7 m o hyd

Oviraptor *O-FI-RAP-TOR*
DOSBARTHIAD: Theropoda
PRYD A BLE: Mongolia; Canolbarth
  Asia, Cyfnod Cretasig Diweddar
PERTHNASAU AGOSAF:
  Struthiomimus
ENWYD GAN: Henry Osborn, 1924
NODWEDDION: Cigysydd, dwygoes,
  tua 2 m o hyd

Pachycephalosaurus *PACK-I-
  SEFF-A-LO-SO-RYS*
DOSBARTHIAD: Pachycephalosaur
PRYD A BLE: Gorllewin Canol Gogledd
  America; Cyfnod Cretasig Diweddar
PERTHNASAU AGOSAF: Pachyceph-
  alosoriaid eraill, ceratopsiaid.
ENWYD GAN: Barnum Brown ac E M
  Schlaikjer, 1943
NODWEDDION: Llysysydd, dwy goes,
  tua 8 m o hyd

Pachycephalosaurus

Parasaurolophus *PARA-SO-O-
  LÔFF-YS*
DOSBARTHIAD: Ornithopod

PRYD A BLE: Gorllewin Canol Gogledd
  America; Cyfnod Cretasig Diweddar
PERTHNASAU AGOSAF: *Maiasaura,
  Saurolophus*
ENWYD GAN: W Parks, 1923
NODWEDDION: Llysysydd, dwy goes,
  tua 10 m o hyd

Plateosaurus *PLAT-I-O-SO-RYS*
DOSBARTHIAD: Prosauropod
PRYD A BLE: Ewrop; Cyfnod Triasig
  Diweddar
PERTHNASAU AGOSAF: *Lufengosaurus,
  Massospondylus*
ENWYD GAN: Hermann von
  Meyer, 1837
NODWEDDION: Llysysydd,
  dwy neu bedair coes, 6-8 m
  o hyd

Protoceratops

Protoceratops *PRO-TO-SER-A-TOPS*
DOSBARTHIAD: Ceratopsian
PRYD A BLE: Mongolia, Canolbarth
  Asia; Cyfnod Cretasig Diweddar
PERTHNASAU AGOSAF: *Triceratops*
ENWYD GAN: William Gregory a
  Walter Granger, 1923
NODWEDDION: Llysysydd, pedair
  coes, 1.8 m o hyd

Saltasaurus *SAL-TA-SO-RYS*
DOSBARTHIAD: Sauropoda
PRYD A BLE: Yr Ariannin; Cyfnod
  Cretasig Diweddar
PERTHNASAU AGOSAF: *Apatosaurus,
  Barosaurus, Brachiosaurus, Cetiosaurus,
  Diplodocus*
ENWYD GAN: José Bonaparte a Jaime
  Powell, 1980
NODWEDDION: Llysysydd, pedair
  coes, tua 12 m o hyd

Saurolophus
SO-RO-LÔFF-YS
DOSBARTHIAD: Ornithopod
PRYD A BLE: Gorllewin Canol Golgedd
  America a Mongolia; Cyfnod Cretasig
  Diweddar

PERTHNASAU AGOSAF: *Maiasaura,*
Parasaurolophus
ENWYD GAN: Barnum Brown, 1912
NODWEDDION: Llysysydd, dwy goes,
9-12 m o hyd

Scelidosaurus

SCEL-ID-O-SO-RYS
DOSBARTHIAD: Stego-Ankylosaur
PRYD A BLE: Lloegr; Cyfnod Jwrasig
Cynnar
PERTHNASAU AGOSAF: *Lexovisaurus,*
Stegosaurus,
ENWYD GAN: Richard Owen, 1859
NODWEDDION: Llysysydd, pedair
coes, tua 4 m o hyd

Stegosaurus *STEG-O-SO-RYS*

DOSBARTHIAD: Stegosaur
PRYD A BLE: Gorllewin Canol Gogledd
America; Cyfnod Jwrasig Diweddar
PERTHNASAU AGOSAF: *Lexovisaurus,*
Scelidosaurus
ENWYD GAN: Othniel Marsh, 1877
NODWEDDION: Llysysydd, pedair
coes, tua 7 m o hyd

Stegosaurus

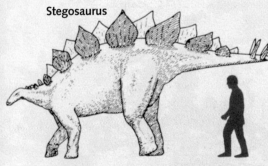

Struthiomimus *STRWTH-I-O-*
MEIM-YS
DOSBARTHIAD: Theropoda
PRYD A BLE: Gorllewin Canol Gogledd
America; Cyfnod Cretasig Diweddar
PERTHNASAU AGOSAF: *Avimimus*
ENWYD GAN: Henry Osborn, 1917
NODWEDDION: Cigysydd, dwy goes,
3-4 m o hyd

Tarbosaurus *TAR-BO-SO-RYS*

DOSBARTHIAD: Theropoda
PRYD A BLE: Mongolia, Canolbarth
Asia; Cyfnod Cretasig Diweddar
PERTHNASAU AGOSAF:
Tyrannosaurus

ENWYD GAN: Evgney Maleev, 1955
NODWEDDION: Cigysydd, dwy goes,
10-14 m o hyd

Tenontosaurus *TEN-ON-TO-SO-*
RYS
DOSBARTHIAD: Ornithopod
PRYD A BLE: Gorllewin Canol Gogledd
America; Cyfnod Cretasig Cynnar
PERTHNASAU AGOSAF:
Hypsilophodon, Iguanodon,
Leaellynasaura
ENWYD GAN: Barnum Brown, 1903
NODWEDDION: Llysysydd, dwy goes,
tua 6.5 m o hyd

Triceratops *TRAI-SER-A-TOPS*

DOSBARTHIAD: Ceratopsiad
PRYD A BLE: Gorllewin Canol Gogledd
America; Cyfnod Cretasig Diweddar
PERTHNASAU AGOSAF: *Protoceratops*
ENWYD GAN: Othniel Marsh, 1889
NODWEDDION: Llysysydd, pedair coes,
tri chorn ar ei wyneb, tua 9 m o hyd

Troodon *TRO-O-DON*

DOSBARTHIAD: Theropoda
PRYD A BLE: Mongolia, Canolbarth
Asia; Cyfnod Cretasig Diweddar
PERTHNASAU AGOSAF: *Deinonychus*
ENWYD GAN: Joseph Leidy, 1856
NODWEDDION: Cigysydd, dwy goes,
2.4 m o hyd

Tyrannosaurus *TY-RAN-O-SO-*
RYS
DOSBARTHIAD: Theropoda
PRYD A BLE: Gorllewin Canol Gogledd
America; Cyfnod Cretasig Diweddar
PERTHNASAU AGOSAF: *Tarbosaurus*
ENWYD GAN: Henry Osborn, 1905
NODWEDDION: Cigysydd, dwy goes,
14 m o hyd

Velociraptor *FEL-LOS-SI-RAP-TOR*

DOSBARTHIAD: Theropoda
PRYD A BLE: Mongolia, Canolbarth
Asia; Cyfnod Cretasig Diweddar
PERTHNASAU AGOSAF:
Compsognathus, Deinonychus
ENWYD GAN: Henry Osborn, 1924
NODWEDDION: Cigysydd, dwy goes,
2 m o hyd

Gwefannau

Mae miloedd o wefannau ar y
Rhyngrwyd sy'n sôn am ddeinosoriaid.
Dyma 12 o'r goreuon:

**Amgueddfa Byd Natur
America, Efrog Newydd**
www.amnh.org/

**Amgueddfa Byd Natur
Carnegie, Pittsburg**
www.clpgh.org/cmnh/

**Amgueddfa Byd Natur,
Llundain**
www.nhm.ac.uk/
*Gwefan ryngweithiol Amgueddfa Byd
Natur*
www.nhm.ac.uk/interactive/science-
casebooks/amber/index.html

**Amgueddfa Byd Natur México,
Albuquerque**
www.nmmnh-abq.mus.nm.us/
nmmnh/nmmnh.html

**Amgueddfa Palaeontoleg,
Berkeley, Califfornia**
www.ucmp.berkeley.edu/

Cymdeithas Deinosoriaid
www.dinosaursociety.com

Dinobase: *rhestr gyflawn o ddata am
ddeinosoriaid*
palaeo.gly.bris.ac.uk/dinobase/dinopag
e.html

Dinodata: *yr holl ffeithiau a ffigurau
am ddeinosoriaid*
www.dinodata.net/

Dinosauricon: *un o'r cyflwyniadau
mwyaf cynhwysfawr i ddeinosoriaid ar y we*
www.dinosauricon.com

Enchanted Learning: *y newyddion
diweddaraf am waith cloddio a
darganfyddiadau*
www.enchantedlearning.com/subjects/
dinosaurs/

Field Museum, Chicago
www.fieldmuseum.org

**Sefydliad Smithsonian,
Washington, D.C.**
www.pvisuals.com/dinosaur_museum
/dinosaur_museum.html

Geirfa

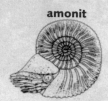
amonit

alldaith Taith fel arfer gan grŵp o bobl i geisio darganfod mwy am ddeinosoriaid.

amffibiad Anifail sy'n byw mewn dŵr ac ar dir, gan gynnwys brogaod a salamandrau modern a'u hynafiaid. Amffibiaid oedd y fertebratau cyntaf ar y tir.

amonit Pysgodyn cregyn â chragen hardd oedd yn byw yn ystod y cyfnod Mesosöig. Mae wedi darfod erbyn hyn.

ancylosor Deinosor 'arfog' â phlatiau esgyrnog ar ei gefn (roedd pastwn gan rai ar eu cynffonnau hefyd), o'r Cyfnod Jwrasig Canol i'r Cyfnod Cretasig Diweddar.

ardrawiad Pan fydd rhywbeth yn taro rhywbeth arall caled, fel meteoryn yn taro'r Ddaear

arfogaeth Platiau esgyrnog oedd gan rai deinosoriaid i'w hamddiffyn rhag ymosodiadau. Roedd stegosor ac ancylosor yn ddeinosoriaid 'arfog'.

carthysydd Anifail sy'n bwyta cig anifeiliaid sydd wedi cael eu lladd neu sy'n farw'n barod. Dydyn nhw ddim yn hela'r ysglyfaeth eu hunain.

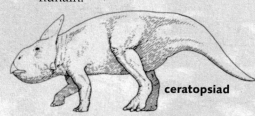
ceratopsiad

cast Argraff o asgwrn neu ysgerbwd, naill ai yn y graig neu wedi'i wneud o blastr yn y labordy.

ceratopsiad Deinosor ornithiscaidd 'wyneb cyrn', o grŵp sy'n gysylltiedig â'r cyfnod Cretasig yn unig.

cigysydd Anifail sy'n bwyta cnawd anifeiliaid eraill.

cloddio Codi ysgerbwd neu olion eraill o'r gorffennol.

cogyrnau Esgyrn tenau y tu mewn i drwynau adar ac anifeiliaid. Maen nhw wedi'u gorchuddio â chroen ac yn helpu i atal gwres rhag cael ei golli drwy'r trwyn.

corpolit Dom neu faw wedi'i ffosileiddio.

hwyadbig

craidd Canol y Ddaear, wedi'i wneud o fetelau trwm.

cramen Haen garegog allanol y Ddaear.

Cretasig Y cyfnod o 150 i 65 miliwn o flynyddoedd yn ôl, ar ddiwedd yr oes Fesosöig.

daeareg Astudiaeth o greigiau.

dolen goll Ffurf ffosil sy'n gorwedd rhwng dau grŵp arall. Mae dolennau coll yn rhoi tystiolaeth am sut mae un grŵp, fel ymlusgiaid, yn esblygu'n grŵp arall, fel adar.

drifft cyfandirol Symudiad araf y cyfandiroedd dros arwynebedd y Ddaear.

esblygiad Y newid sy'n digwydd i blanhigion ac anifeiliaid dros amser.

fertebrat Anifail sydd ag asgwrn cefn.

ffin KT Ffin Cretasig-Trydyddol, yr union linell amser sy'n dynodi diwedd y deinosoriaid.

ffosil Olion anifail neu blanhigion oedd yn byw amser maith yn ôl.

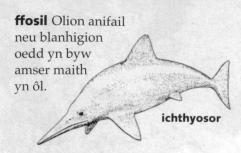
ichthyosor

gastrolith Carreg a lyncwyd gan ddeinosor (neu aderyn) i'w helpu i falu'r bwyd yn ei stumog.

gorlwyth Y graig sy'n gorwedd dros safle ffosiliau.

grid Patrwm o sgwariau cyfartal wedi'i osod dros safle ffosiliau i helpu gyda'r mapio.

gwaed cynnes Mae anifeiliaid â gwaed cynnes yn gallu rheoli tymheredd y corff yn fewnol.

gwaed oer Dydy anifail â gwaed oer ddim yn gallu rheoli tymheredd y corff yn fewnol. Mae pysgod ac ymlusgiaid modern â gwaed oer.

hadrosor Deinosor hwyadbig, o grŵp o ornithopodau sy'n gysylltiedig â'r cyfnod Cretasig Diweddar yn unig.

hwyadbig Hadrosor, ornithopod llysysol o'r cyfnod Cretasig Diweddar

hynafiaid Mathau cynnar o blanhigyn neu anifail. Mae mathau eraill wedi esblygu ohonyn nhw.

ichthyosor Ymlusgiad cigysol, siâp dolffin oedd yn byw yn y moroedd Mesosöig. Roedd ichthyosoriaid yn hela amonitau, belemnitau a physgod.

Jwrasig Y cyfnod o 205 i 150 miliwn blynedd yn ôl, yng nghanol yr oes Fesosöig.

llysysydd Anifail sy'n bwyta planhigion.

meteoryn

maes Lle mae'r creigiau a'r ffosiliau. Mae 'gwaith maes' yn golygu mynd allan i astudio'r creigiau.

magma Craig dawdd ym mantell y Ddaear. Mae hefyd yn cael ei alw'n lafa pan fydd yn arllwys o losgfynydd.

mamal Anifail blewog sy'n rhoi llaeth i fwydo ei rai bach. Mae'r grŵp yma o fertebratau gwaed cynnes yn cynnwys bodau dynol, cathod, ystlumod a morfilod. Ymddangosodd mamaliaid yn ystod y cyfnod Triasig Diweddar, tua'r un adeg â'r deinosoriaid.

mantell Rhan fewnol y Ddaear, wedi'i wneud o graig dawdd, neu fagma

meteoryn Craig sy'n gwibio drwy'r gofod ac yn taro'r Ddaear.

model animatronig Robot neu fodel sy'n symud.

mosasor Madfall fawr gigysol a oedd yn byw yn y môr yn y cyfnod Cretasig diweddar ac yn hela pysgod ac amonitau

oes Fesosöig 'Oes y Deinosoriaid', y cyfnod o 250 i 65 miliwn blynedd yn ôl, o gyfnodau Triasig, Jwrasig a Chretasig.

ornithiscaidd Deinosoriaid â threfniant esgyrn cluniau tebyg i adar, gyda'r pwbis yn gwyro am yn ôl yn hytrach nag am ymlaen.

ornithopod Deinosor ornithiscaidd llysysol, heb arfogaeth arbennig.

pachycephlosor Ornithopod llysysol â dwy goes oedd â chorun trwchus i'w benglog. Mae'r rhain yn gysylltiedig â'r cyfnod Cretasig yn unig.

palaeontolegydd Person sy'n casglu ac astudio ffosiliau.

palaeontoleg Astudiaeth o ffosiliau.

plesiosor

Pangaea 'Y Byd Cyfan', y cyfandir enfawr oedd yn bodoli yn yr oes Bermaidd a'r oes Fesosöig gynnar, pan oedd y cyfandiroedd i gyd yn un ehangdir.

pedestal Platfform o graig o dan ffosil. Mae ffosydd yn cael eu torri o gwmpas esgyrn deinosoriaid er mwyn gallu eu plastro a'u codi.

Permaidd Y cyfnod o 286 i 250 miliwn blynedd yn ôl, cyn cyfnod y deinosoriaid.

plesiosor Ymlusgiad cigysol â gwddf hir oedd yn byw yn y môr yn y cyfnod Jwrasig a Chretasig. Roedd plesiosoriaid yn bwydo ar bysgod, ac roedd rhai mwy'n bwydo ar ymlusgiaid morol eraill.

pterosor

prosoropod Deinosor llysysol mawr â gwddf hir a oedd yn cerdded ar ddwy goes neu ar ei bedwar. Roedd prosoropodiaid yn byw yn y cyfnod Triasig Diweddar a'r cyfnod Jwrasig Cynnar.

pterosor Ymlusgiad hedegog ag adenydd o groen yn ymestyn ar hyd y fraich a phedwerydd bys hir.

pwbis Yr asgwrn ar flaen y glun, o dan yr asgwrn cefn.

raptor Theropod cigysol bach, bywiog gyda chrafangau i rwygo bwyd. Roedd raptoriaid yn byw yn y cyfnod Cretasig.

rhywogaeth Grŵp o anifeiliaid neu blanhigion tebyg i'w gilydd.

soriscaidd Deinosoriaid â 'chlunmadfall', gyda'r pwbis yn pwyntio am ymlaen, a llaw â bawd fel crafanc.

soropod Deinosor llysysol mawr oedd yn cerdded ar bedair coes, gyda gwddf hir a chynffon hir. Prosoropodiaid oedd hynafiaid y soropodiaid.

stegosor

soropodomorff Deinosor sorisciaidd llysysol, wedi'i rannu fel arfer yn prosoropodiaid a soropodiaid.

stegosor 'Ymlusgiad arfog' gyda phlatiau esgyrnog ar hyd canol ei gefn a'i gynffon.

tectoneg platiau Y prosesau ym mantell a chramen y Ddaear sy'n achosi i gyfandiroedd symud.

teipsbesimen Y sbesimen cyntaf o rywogaeth arbennig i gael ei enwi,

theropod Deinosor soriscaidd cigysol â dwy goes.

Triasig Y cyfnod o 250 i 205 miliwn blynedd yn ôl, ar ddechrau'r oes Fesosöig.

tsunami Ton enfawr a achoswyd gan ardrawiad, daeargryn neu losgfynydd.

twll turio Twll bychan sy'n cael ei ddrilio drwy gramen y Ddaear i astudio'r creigiau.

tyrannosor Theropod cigysol mawr o grŵp sy'n gysylltiedig â'r cyfnod Cretasig diweddar yn unig.

dant tyrannosor

ymbelydredd Gweithgarwch cemegol rhai defnyddiau sy'n torri i lawr dros gyfnod ac yn gollwng egni.

ymlusgiaid Y fertebratau gwaed oer sydd â chen drostyn nhw ac sy'n dodwy eu hwyau ar dir sych.

Mynegai

Cydnabyddiaeth

Dymuna'r cyhoeddwyr ddiolch i'r arlunwyr canlynol
am eu cyfraniad i'r llyfr hwn:

Jim Channel (Bernard Thornton Artists) 19*gdd*, 23*c*, 28*gch*, 29*gdd*, 33*g*,
36*gdd*, 30*cch*; 44*tdd*, 45; **James Field** (Simon Girling & Associates) 10-13,
16-17, 18, 2-25, 32, 35*gch*, 36-37, 40-43, 46*ch*, 56-61; **Bernard Gudynas**
52-53; **Tim Hayward** (Bernard Thornton Artists) 28-29*t*, 30, 31*tdd*, 38-39,
47*t*, 50*g*, 50-51*t*; **Christian Hook** 4-9, 25*tdd*, *cdd*, *gdd*, 44*gch*; **Mark Iley**
18*gch*, 23*gdd*, 25*tch*, 31*c*, 34*tdd*, 35*tch*, 36*tdd*, 38*tch*, *gc*, 39*c*, *cdd*, 41*gdd*, 47*g*;
Martin Knowelden (Virgil Pomfret Agency) 18-19, 34-35, 48-49;
Denis Ovenden 26-27; **Tim Slade** 14-15, 26*gch*, 29*cch*, 35*tdd*, 40*gch*,
45*gdd*, 48*gch*, 51*tdd*, 56*tch*.

Dyluniwyd gan **Chris Forsey** a **Rosamund Fowler**

Diolch hefyd i'r canlynol am ddarparu deunydd ffotograffig
ar gyfer y llyfr hwn:

American Museum of Natural History 11*gdd*; **Mongolian Academy** /
Dr Michael Novacek 2*gch*; **Yr Athro Michael Benton** 41*c*; **Colorific** /
Matrix / **Louis Psihoyos** 12*tdd*, 55*tc*; **Corbis** / **David Muench** 4*gch*;
Corbis / **U.P.I.** 17*gdd*; **Corbis** / **Jonathan Blair** 51*gdd*; **Corbis** /
Gail Mooney 55*cdd*; **D.C.Comics** / **Hanna Barbera Production
Company** 55*tdd*; **Mary Evans Picture Library** 54*tch*, 54*tdd*;
Ronald Grant Archive 54*gdd*, 54-55*c*, 55*gch*; **Yr Athro Kielan
Jaworowska** / **Polish Academy of Sciences** / **Institute of
Paleobiology, Warsaw** 37*t*; **Natural History Museum, Llundain** 17*tdd*,
24*tdd*, 31*gdd*, 35*gdd*, 39*tch*, 42*gch*; **Robert Opie** 55*gdd*; **Peabody Museum
of Natural History, Prifysgol Yale** 11*cdd*; **Frank Spooner Pictures** /
Xinhua-Chine 19*tdd*, **Frank Spooner Pictures** 23*tdd*;
Tony Stone Images 54*cdd*.